諸宗教の倫理学

その教理と実生活

第4巻

所有と貧困の倫理

M.クレッカー
U.トゥヴォルシュカ 編
石橋孝明 訳

九州大学出版会

訳者まえがき

「所有と貧困」という問題に対して、世界の諸宗教はどのように考え、どのように取り組んできたのだろうか。この問いに対する答えが本文において縷々述べられているのであるが、その要領を得た的確な要旨が八章「宗教的伝統における所有と貧困」において展開されている。八章は、この問題に対する各宗教――ユダヤの宗教、カトリシズム、プロテスタンティズム、イスラム教、仏教、儒教と道教、アフリカの部族宗教――の態度決定と解決へ向けての取り組みを概観するには好都合である。

それ故、読者には、「所有と貧困」という問題に対する世界の諸宗教のかまえを理解するために、この章から読み始められることをお勧めしたい。そして、おおまかな見通しを得られたら、この問題に対する各宗教の取り組みを、それぞれの章で、より詳細に検討されることをお勧めしたい。

「所有と貧困」という大問題に対して、各宗教の取り組みが充分なものであるか否かは読者の判断に委ねることにして、本文では語られていない所有の問題について少し言及しておきたい。それは近年とみに重要性を増してきた情報の所有の問題である。これは「所有と貧困」の問題に対して、新たなパースペクティブを与えてくれるかもしれない。

情報の所有権の根拠には、①投下労働説、②マーキング説、③インセンティブ（刺激または報酬）説があるとされる。[1] ①は情報の開発に要した費用を回収する権利があるとして主張される所有権、②は「自分のものだ」と先にマークを付けること（先占）で成立するとされる所有権、③は個人に利益を保証することによって、技術開発などを促進し、社会的な進歩を達成するという考え方に基づいて主張される所有権である。

これらの所有権に対する根拠は、情報に限らず他のあらゆるものについてもいえるであろうが、特に有力な根拠とされてきたのが①と②である。そして、③はとりわけ伝統社会からの離脱としての近代化に伴って主張されるようになったといえよう。

（本文にもあるように諸宗教にとって所有権は、基本的に、神、もしくは超越的なものから授けられたものと考えられていた。）

さて、現代のインターネットをその代表とする、ますます高度化していく情報化社会においては、情報の所有権は次のように考えていくことがより妥当だとされる。つまり、情報の所有権は、社会的な利益を優先するために、報奨金を出して個人に権利を保障するものであるとみなすのである。すなわち、③を根拠にして、しかも発想の方向性を逆転させるのである。インターネット上での情報は、事実上、情報の発信者は著作権を放棄している。しかし、この場合には、悪質な情報が蔓延するという可能性が避けられない。情報の質を高め、維持するためには、いわゆる悪貨が良貨を駆逐することのない制度が必要なのである。

情報の発信、情報へのアクセスは原則的に無料とされるから、誰でも情報発信者になれ、受信者になれる。しかも、質の高い情報には報奨金が出るから、質の高い情報を提供しようという動機づけもある。高度情報化社会においては、情報の共有可能性ゆえに、誰もがその所有者になれる。こうして、質の高い情報は、社会全体の福利に貢献し、人間個々人の豊かさを増進させると考えられる。

それに対し、物質の所有に関しては、物質が有限で稀少性を有するがゆえに、共有率が低く、一部の人間の独占、寡占が生じうる。情報は無限であるとまではいえないにしても、人間にとっては限りなく無限に近いものではないだろうか。すると、物質の有限性ゆえに出てきたいろいろな問題、例えば独占、寡占の問題、そして貧困の問題等が、高度情報化社会では回避される可能性が出てくる。情報化社会では、物質的な豊かさではなく、情報の豊かさが追求されるのである。

もちろん、インターネット情報を中心とする情報は、その共有率が高いとはいえ、それがすぐれた情報であるか否か、情報設備を整えるさいの貧富の問題をどう乗り越えるか、情報に接する利便性という点での制約をどれだけなくすことができるか等、いろいろな問題があるとはいえる。しかし、情報そのものはサイバースペース(電脳空間)に存在し、基本的には誰もが利用できる。つまり、公共財として扱われうるということである。この意味で、インターネット情報を中心とする情報は、物理空間に存在する他の物とは所有関係という点で異なるということである。

つまり、サイバースペースは公共空間として、管理者はいるとしても、基本的に特定の所有者のいない空間である。それ故、これまで問題になってきた物質を中心とする「所有と貧困」の問題はないことになる。物質の有限性ゆえに出てきた、一部の者の独占、寡占の問題、そしてまたそのことに由来する貧困の問題等はないことになる。

こうして、サイバースペースに存在し、物理空間に存在する物とは異なる情報は、誰もがそれを利用し、情報のやり取り、加工を楽しむことができるものということになる。いろいろな意味で精神的な豊かさを実現できる媒体である。そして、こうした豊かさは、物質の所有による豊かさとは異なり、共有関係を取り結ぶことで生まれてくる豊かさである。この共有関係が豊かさを増すという経験は、ひいては物理空間における所有観念にも影響を及ぼすのではないだろうか。つまり、独り占めにしていることが豊かさの徴表ではなく、どれだけ多く共有しているかが豊かさの徴表になるのである。しかもこのことは、単なる精神論としていわれるのではなく、サイバースペースにおける情報という裏付けがあるのである。

さらに、ここでは、物理空間での所有において生じるとされる「共有地の悲劇」も起こらない。つまり、「共有地の悲劇」論では各自が自分の利益を最大化しようとして共有地を使うため、過度に使用し破滅的な結果を引き起こすというのである。このことは、環境問題でも問題にされ、例えば、共有地としての牧草地や森林の過度の使用によるの疲弊、更には自動車による大気の汚染等が挙げられる。それに対し、情報空間ではむしろ、情報の共有が実際にとても役に立つ善であると考えられるのであるから、はじめから事情を異にする。

このように、情報の所有のあり方ということから、これまでの「所有と貧困」の問題に対する新たなパースペクティブが開けてくるかもしれない。

しかし、ここにも問題がないわけではない。サイバースペースは、それに参加することもしないことも自由である。それ故、サイバースペースに参加する機会の平等を実現したとしても、結果としての情報リッチ、情報プアの問題が残るということである。この意味での「所有と貧困」の問題は残るのである。

二〇〇〇年五月

訳　者

編者による序文

『諸宗教の倫理学――その教理と実生活――』というシリーズは、例えば「さまざまな生活状況における人間の倫理的な意志決定と行為についての教理」（ドゥーデン外来語辞典）、或いは、簡単に「人間生活の理論」（T・レントルフ）とみなされているような倫理学にとって、宗教が根本的にどういう意義をもっているかを明らかにする。このシリーズは実際の生活に即しており、そのため一般に使用されている倫理学の基本文献を補完するために利用できるだけでなく、それを具体化するためにも利用できる。

このシリーズ第四巻では、大宗教の伝統において重要な役割を果たしているテーマを取り扱う。その際中心にくるのは、例えば、富と貧困は神によって望まれたことなのだろうか、もしくは宗教的に命じられたことあるいは禁じられたことなのだろうか、という問いである。金持ちが天国に至るのはいっそう困難なのであろうか、もしくは再生という不幸な循環から逃れるのはいっそう困難なのであろうか。強制された／自発的な貧困は特別な評価を受けるのだろうか。貧困の緩和あるいは廃棄のためのどのような方法を宗教は提示するのだろうか。そのためにどのような制度を配慮するのだろうか。

宗教は資本主義、共産主義、社会主義、……のようなイデオロギーに対し、どのような態度を取るのだろうか。そもそもキリスト教は「解放の神学」を知っているのだろうか。

その際、それぞれの「理論」が提示されるべきである——意義深い行為の基礎として。すべての項目は同じ形式に従って構成されている。数字〇のもとでは本論の概観が与えられる。数字一はそれぞれの宗教的伝統の観点に基づいてテーマを詳細に叙述している。数字二のもとでは通例、論文の資料が続いている。

宗教は、なにか大なり小なり直接かかわることなしに通り過ぎ、或いはちょっと目をくれるだけの博物館の陳列品として取り扱われるべきではない。宗教は自分自身の宗教的態度を深める、人間のさまざまな生活の潜在力を提供する。

編　者

目次

諸宗教の倫理学——その教理と実生活——

第四巻　所有と貧困の倫理

一　ユダヤの宗教

ハインツ・ユルゲン・ロート

一・〇　概　観

「あなたたちは、私にとって祭司の王国、聖なる国民となる」（出エジプト記一九・六）。神、国民、そして個々人を相互に関係づける聖なる秩序の観念は、経済的な行為も共に関係づけなければならない。後者はさらに所有と貧困という点で具体化される。ユダヤ民族は長い歴史の過程の中で、人間のもとでの経済的不平等の問題にどのように取り組んできたかが描かれねばならないだろう。その際、所有と貧困の評価がはっきり示されるだけでなく、――個人財産と経済合理性との同時的な確保のもとで――貧困を克服するためにどのような戦略が展開され、そしてそれがどのようにして制度化された公的なまた個人的な福祉事業になったかが示されねばならないだろう。

一・一　ユダヤ教における所有と貧困

1　序

ユダヤ教の歴史は同時に、民族と宗教共同体、即ちカーハール（kahal）が決して区別されることはなかったのであるから、ユダヤ民族の歴史でもある。そのため、そしてまた我々が観念論的にも唯物論的にもかかわろうとしない、宗教と経済の特別な問題性のため、我々は以下の多元的な調整を伴う分析的モデルを用いる。即ち具体的には、所有と貧困は経済と関係があるが、経済はまた政治や社会共同体と相関関係にあるということである。社会共同体は文化システムの担い手であり、そのシステムの中で宗教――「最高の現実」を示す――は階級制度的な意味で支配的な位置を占める。なぜなら、宗教に由来する価値がそれ自身のために追求されるからである。これらの価値は社会的な規範を越えて経済に影響を及ぼすのであるが、しかし経済は経済的政治的合理性の要求にも従う[1]。宗教的目標と実際の実状との間の緊張という事態になる。

その解決のために三つの可能性が思いつく。即ち、一、例えば昔のチベットにおけるような、諸宗教の独占化。二、共産主義諸国で知られているような、宗教の排除。そして、三、一般的な発展過程において宗教の諸観念を緩やかに共に成長させること。そのとき、宗教改革そして／あるいは革新が社会的な複合体に対してひとつの合理的な立場を可能にする。

2　国家期以前

君主制の創設の前には階級形成はまだなかったので、貧しさと裕福さについて語られることはなかった。集団的な所有理解を伴う部族の秩序が生活を規定していた。共同体を構成する要素の宗教的なものと世俗的なものとは、例えば、シナイ山の契約「文書」、モーゼの十戒（出エジプト記二〇・一―一七）が示しているように、まだ区別されていない。一神教は社会的態度の規範と結びつけられており、所有関係の確保が神の命令に結びつけられている。

そのため兄、エルの寡婦と兄のために子孫をつくろうとしたオナンは破滅しなければならなかった。なぜならオナンによって実際に行われた性交の中断が所有権問題の解決になり得なかったからである。神はオナンを死なせた（創世記三八・七―一〇）。それに対して、厚顔無恥にも禁じられた近親相姦によって義父、ユダとあと継ぎを手にしたタマルは、一族の所有権の継続性を守り刑を免れた(2)。既にイスラエルの父祖ヤコブは長兄から長子相続権を狡猾に奪い、抜け目のない伯父ラバンをだましてもうけた――ヤコブが「非常に豊かな男」になるまで（創世記三〇・四三）。ヤーヴェの祝福がヤコブの富に注がれた（創世記二八・一三並びにそれ以下）。

それ故、所有物は、それが狡猾に手に入れられたときですら、神の祝福と受け取られた（創世記二六・一二並びにそれ以下）。お金という形式の所有が権力や影響力と取り替えられる媒体であるということは、ヨセフの物語（創世記四七・一三―二五）が証明しているように、人々はまた既に知っていた。

3　ローマに対する反乱に至るまでの国家建設について

3・1　貧窮の克服

社会生活の指示を含む「契約の書」（出エジプト記二〇・二二―二三・三三）[3]は初期の王の時代に始まる。その指示から推論されるのは、その時代に、もはや家族集団が世話できないもしくは世話しようとしない弱い者や貧しい者がいたということである。国にいる外国人、寡婦、そして孤児はヤーヴェの庇護のもとにいる。次の処置は貧しい者を助けるはずである。即ち、暴利や利子取得の禁止、権力で法を曲げることの放棄、並びに安息年である。この耕作を休む年には貧しい者が耕作地、ぶどう畑、オリーブの木から収穫してもよい。改革プログラムと結びついた宗教的意図は元の状態の回復への願いである、即ち国の取得前の時代である。

改革文書は成功に恵まれない運命にあった。紀元前七世紀からの申命記による社会生活の指図は、貧困がもはや取り除かれない現象であると見なされていること（申命記一五・一一）をはっきりと示している。しかし貧窮の行き過ぎを阻止するために、貧しい同胞に手を閉ざさないように（申命記一五・七並びにそれ以下）という道徳的要求がなされる。実際的な観点からは貧しい賃労働者に対するその日の支払いが要求され（申命記二四・一四並びに次項）、困窮している者がその飢えを鎮めるために隣人のぶどう畑と穀物畑へ立ち入ることが要求される（申命記二三・二五並びに次項）。安息年は負債の免除と負債による隷属状態の免除に役立つ（申命記一五・一―一八）。貧しい者と外国人を祝祭である七週祭と仮庵祭に参加させなさいという掟（申命記一六・九―一五）は新しい。また三年目ごとに貧しい者のためにその年の収穫物の十分の一を蓄える制度も新しい（申命記一四・二八並びに次項）[4]。しかしさらに遺産所有は――あらゆる社会的義務にもかかわらず――神の祝福の主な対象と見なされる（申命記八・一〇、等）。義理の兄弟との結婚はいまなお遺産所有の維持に役立っているが、しかしそれはもはや避けられないものではない（申命記二五・九）。

紀元前六世紀からの「神聖法」（レビ記一七―二六）は階級形成という意味での裕福さと貧しさの対立の発生を前提している[5]。貧しい者の保護のためにさらに次のことが要求される。即ち、耕地やぶどう畑の収穫されない角地（peah）並びに収穫していない農作物（lakät）への権利、ヨベルの年即ち解放の年、人をだましてもうけることの禁止、そしてとりわけ神聖な土地の権利である。七回目の安息年（＝四九年）の後、売却された土地の所有は元の所有者の手に戻らなければならない。貧しさのためにイスラエル人あるいはイスラエル国内にいる外国人に買収されなければならなかった者（負債による奴隷身分）は、解放の年に自由の身でなければならない、ないし解放されなければならない。なぜなら、イスラエル人は皆、ヤーヴェが彼の土地を委ねた同胞だからである。「それ故あなたは土地を永久に売るということをしてはならない……」（レビ記二五・二三）。つまるところ神がすべてのことの主人である。「金持ちと貧乏人が出会う。主はそのどちらも造られた」（箴言二二・二）。

しかしながら、上述の宗教的指令は決して完全には承認されていなかった。むしろ都市化と経済の合理化（大所有地、過剰生産）が外国人支配と富の流出を促進した。たびたびの課税と貨幣経済が彼らに貧困の蔓延をもたらした。農民の抵抗に対処するために、ネヘミヤは金持ちたちに、宗教的に正当と認められる全般的な負債の免除をさせなければならなかった（ネヘミヤ記五・六―一二）。

3・2　預言者と詩編作者の視点から見た貧しい人々

およそ紀元前八世紀以来、宗教的諸価値と社会経済的発展とのあいだに深刻な緊張が生じたということを出発点とすることができる。預言者、アモス、イザヤ、ミカ、そしてエゼキエル（二十二章）の明白な社会批判もそのことを示している。しかし貧困にはどこでも宗教的価値が与えられていない。貧困の理想像はない。なぜなら、貧困は神の望まれた事柄ではなく、不当な所有の分配の結果であり、権力や影響力の不法な行使の結果だからである。従って貧しい者はとがめられることもない。しかし富そのものに何か悪いものが付着しているのでもない（ヨブ記四二・一二）。それに対して、知恵文学［箴言、ヨブ記、伝道の書、ベン・シラの知恵、ソロモンの知恵等の総称］では貧困は自己責任と見なされてもいる（箴言一〇・四、等）。

さらに詩編では、貧しい者は、ヤーヴェがたたえるであろう敬虔な者と同一視される。社会的な観念から社会宗教的観念が生じる。即ち、苦境、病気、孤独、そして死の間際で自らを知る、対極にいる集団のための自己呼称である。(6) 貧しい者が体験せざるを得ない社会経済的な、組織的な、そして精神的な剥奪は、ヤーヴェに聞き届けられるという確信のうちにカタルシス的な解決を見いだす。この確信は最後の報いの信仰に基づいている。

3・3　私有財産と「原始資本主義」

経済的搾取と宗教的疎外に対するマカベア一族の自由のための戦い（紀元前一六七年）はハスモン国家［前一六七―前六三年］の創設へと導いた。意図からしてその国家は、宗教が独占的位置を占める神政国家であった。しかしそれは特別安定もしていなかったしうまく統合されてもいなくてローマの領土拡張の容易な犠牲となった。ヘロデによって国家機構は決定的な世俗化をこうむった。経済は私有財産、市場の拡張、規模の増大する信用貸しを伴う高まる資本の需要、そして権利名義の執行のために裁判権を行使すること、によって特徴づけられる原始資本主義の性格を帯びた。所有や資本振替の際の宗教に由来する義務は、一般に広く排除された。

有名なユダヤの律法学者ヒレル――彼は時代の転換期に生きた――はこの展開に重大な関心をよせた。彼はヘレニズムのプローズブールの導入にひとつの改革を実施した。つまり、ヨベルの年の一切の負債免除（申命記一五・二）が契約相手については除外された。借り手の所有物である借りられたお金は再び、既に以前帰属していた貸し手の所有物になるというように、法的には議論された（ギッティーン Gittin 36b）[7]。遵守しないことによってであれ、迂回によって（例えば、共同経営によって）であれ、利子の禁止を緩和することは、同様に資本市場の発展を促進した。資本の蓄積が幅広い層の思考を捉えたということを、有名な「マタイ効果」をもつ「預けられたタラントン」（マタイ伝二五・一四―三〇）という新約聖書の物語も示している。

クムラン＝エッセネ派はそれに代わる道として共有財産と昔からの諸価値を固守しようとした。しかしラビたちは私有財産を神の望まれた制度として受け入れ、利子運用も受け入れた。こうして宗教的な行為の方向づけと経済的な収益性の思想とのあいだに合意が形成された。

4　ラビの「福祉国家」

ローマに対する反乱は貧困のとてつもない増加という結果を伴った。ユダヤ人の物もらいは二世紀にはローマの日常のよく知られた現象になった。しかし、とりわけ都市住民と「昔からの」貧乏人が新しい貧困に見舞われ、土地所有はそのときでも主としてユダヤ人の手にあった[8]。

財産のない者にとって社会的な上昇はただトーラー［命令と教え、モーセ五書（創世記、出エジプト記、レビ記、民数記、申命記）を含む］研究に関して可能であった。まさに、貧しい者の子供たちはトーラーをさらに先へ伝えていく比類なき者と見なされた（ネダリム Nedarim 81a）。ごくわずかな者がその継承順に自由に使うことができる所有物あるいは過度な富に対する根本的な批判は、トーラー学者のもとでは見られない。有名なシメオン・ベン・ヨハイ（一五〇年頃）によってアボート（Abot）Ⅵ.8で伝えられることが、賞賛に値する理想と見なされた。即ち、美と力、富、名誉、知恵、高齢、灰色の髪、そして子供は、正しい者と世界をとりわけ飾り立てる。そして次の箴言は影響力のあるヨハナン・ベン・ナッパハ（およそ一八〇―二七九年）に由来する。「聖なる者はそのシェキーナー（即ち、預言の霊）を、力強く、裕福で、知恵があり、謙虚である者にのみ注がれる」（ネダリム Nedarim 38a）。これらのすべての特徴はモーセの言葉が繰り返されたのである。

土地所有はパレスチナのラビにとって特に大切であった――神と民族と国とのあいだの解きがたい統一という聖書の観念にふさわしく――。バビロンの学者は未来にかかわるはずの取引を早くから支持していた（例えばイェーバモート Jebamot 63a）。

大多数の非ユダヤ人との競争は、財産に重くのしかかっている宗教的な制限がさらに撤廃されなければならないということを結果として伴った。バビロンの学者は、休耕年とレビの十分の一税を停止し、利子の禁止の迂回を許した。パレスチナでは裕福なヤンナイ・ラッバー（三世紀初期）が――ローマの税の重圧のために――安息年にも畑の耕作を命じた（サンヘドリン Sanhedrin 26a）[9]。それ故、貧困を阻止しようとする限り、所有地の経営は経済的規則に従わねばならなかった。そのため、既に言及したヨハナンは農業の単一栽培に対しても反対の意見を述べた（ババ・メツィアー Baba Mezia 107b）。一方、ラビ・イサーク・ナッパハ（三世紀）は経済的リスクの分散を勧めた。つまり、三分の一は農業、三分の一は商売、三分の一は現金の貯蓄（同、42a）というように。

現存する貧困は、貧困の克服が普遍化される宗教的価値に発展するというとおりに、ミシュナー［口頭伝承の集成］の法の編纂の流れの中で道徳的圧力を加えた。神の愛と社会的公正さとのあいだには――既に預言者の時代にそうであるように――解きがたいつながりがあると見なされた。なぜなら、ツェダカー、即ち慈善そしてとりわけ喜捨は、神の属性である公正さをも意味するからである（申命記一〇・一八)。従って、イスラエル家の聖化の目標は社会的な混乱によっても経済的な混乱によっても達成されない。より正確に言えば、世界の秩序は祭式を出発点とする秩序構造に従わなければならない[10]。それ故、貧困は決して肯定的な価値にはなり得なかった。「四つのものが死人と同じに見なされる。即ち、貧乏人、らい病人、盲人、子どものいない者である」(ネダリム Nedarim 64b)。貧困は違反に対する罰としてあるいは信者の浄化のために送り届けられるといういくつかの言明にもかかわらず(例えば、シャバット Schabbt 33a、ネダリム Nedarim 7b)、それでも貧困は克服されねばならない悪であり続けた。従って、「貧しいものに思いやりのある人は幸いかな」(四一・二)という詩編の詩句は、貧しい者の諸問題を実際的に解決するのを助ける者は称賛されるというように解釈された。ただそうしてのみ悪循環——「貧困は貧しい者につきまとう」(ババ・カンマ Baba Kamma 92a)——が破られる。

ツェダカーは、それが他の宗教的指示全体の等価物として(ババ・バトラ Baba Batra 9a)、地方自治体の救貧税の納付を個々人に——貧しい者自身からも(ギッティーン Gittin 7b)——要求することによって、制度化された。献金箱(Kuppah)、食事のボウル(Tamchui)、そして衣装窓口で集められた。そのほかに特別な献金もあった。もっとも、単に上方に向かって能力の五分の一に制限された(クトゥーボート Ketubot 50a)救貧税の額は、聖書の十分の一税システムと同じようにあいまいである。その個別化は、貧しい者もそれぞれ個人の要求に応じて幸福への要求をもつ(申命記一五・八)[11]ということに示される。ツェダカーは普遍的な規範になり、そしてそのことによって慈善(Chäsäd)のなかで生き続ける聖書の個人的な愛の活動によって細分化された。こうして慈善事業(ゲミルート・ハサディーム Gemilut chasadim）における慈善の行いは神の模倣になる。[12]

ツェダカーは生きている者にのみお金で行われるのに対して、ゲミルート・ハサディームはまた、すべての人に対して、死者に対してすらも、例えばその埋葬を配慮することによって、個人的尽力によって行われる。アボート（Abot）I.2では、「世界は三つのものに支えられている、それはトーラーと礼拝とゲミルート・ハサディームである」と言われる。

5　中世における福祉事業

宗教的諸価値が社会的規範に置き換えられるのを極めて説得的に示す公共福祉制度は、中世に生き続けている。もちろん個人的な要求の代わりに、いまや要求の一般的性質が基礎に置かれた。

モーゼス・マイモニデス（一一三五―一二〇四年）にとって、ツェダカーの宗教‐法的義務は同様に、他のすべての掟よりも大切な義務であった。[13]財産は委ねられた財であり、所有者はその管理者であった。管理者は貧しい者を支援するよう義務づけられている。[14]マイモニデスの秩序の形而上学は二つの方向に発展する。即ち、国家秩序は、一方では、財産の保護を前提し、他方では、再び社会的不公平と圧制を生じさせない社会的連帯を前提する。[15]貧困は公の関心ではない。その限り、所有者はまた破産しないように、そして共同体の重荷にならないように義務づけられている。ところで、慈善の八つの類型表はマイモニデスに由来する。[16]援助によって困窮している者を、もはや援助のいらない状態に変える者が、位階上一番上にくる。ただいやいやながら与える者が一番下にくる。

次の学者たちもツェダカーについて同じような仕方で判断した。例えば、ヤコブ・ベン・アッシャー（一二八〇―一三四〇年）はその法規集『トゥリーム（Turim）』（Joreh Deah）で、そしてヨセフ・カロ（一四八八―一五七五年）はその『シュルハン・アルーフ（Schulchan Aruch）』（Joreh Deah, 247–259）で。トーラーに忠実なすべてのユダヤ人にとって拘束力のある後者の作品は、今日でも『キッツァー・シュルハン・アルーフ（Kizzur Schulchan Aruch）[17]』よりも影響力がある。

『セーフェル・ハシディーム（Sefer Chassidim）』（敬虔主義者の書）が別の立場をとった。ドイツ敬虔主義のこの主要作品では、なるほど富は依然として神に委ねられた財と見なされるが、貧困は敬虔な諦念の精神に受け入れられる。しかも、罪の結果として生じるかもしれない貧困が、もしかしたら祝福に満ちた未来の前段階かもしれないという意識でもってである（§ 1950）。ツェダカーはここでは慈善行為になる[18]。ただし、十三世紀のドイツの教区は「十分の一税」を追放（Heräm）の脅しで強制された拘束力のある義務と見なしていた[19]。

　教区の社会的な施設は巡礼者の簡易宿泊所と並んでとりわけ救貧院と養老院がヘクデッシュ（Häkdesch）[20]と名づけられた。十三世紀にゲミルート・ハサディーム（慈善事業）を行うための敬虔な団体、即ち、埋葬組合、孤児の保護のための団体、捕虜を解放するための団体、新郎新婦の支援団体等が成立した。市町村のそして個人的な、宗教的に合法化された社会施設のネットワークはユダヤ人の連帯感を強め、しばしば敵対的な環境のなかで生き延びることを可能にした。

6　近代と現代におけるユダヤ人の博愛

最近の一五〇年は構造的変化の時代だった。即ち、大量の貧困化が東ヨーロッパのユダヤ人に亡命を強いたのに対して――とりわけアメリカ合衆国やパレスチナへの――、西ヨーロッパの解放や社会的立法は公の福祉システムへの編入に導いた。宗教に動機づけられた個人的な援助は残されていた。即ち、貧者や病人の援助、巡礼者の保護、並びに死者の埋葬である。[21] ときおり無利子の金融公庫が自立のための援助をした。

この時代には、サー・モーゼス・モンテフィオーレ、エドムント・ドゥ・ロスチャイルド、あるいはバロン・モーリス・ドゥ・ヒルシュのような偉大なユダヤ人の慈善家の活動も行われた。妻と共におよそ一億五千万ドルを困窮しているユダヤ人に寄贈した後者は、博愛ということで、「さもなければ施しをうける窮民になるにちがいない個人を就労可能な人間にすること、そしてこうして社会の役に立つ構成員にすること」[22] と理解した。シアーズ・ローバック会社の「百貨店のプリンス」、ユリウス・ローゼンフェルトは、福祉という言葉について同じように次のように見解を述べた。「福祉は反感を起こさせる言葉である。少なくともその言葉はポケットに一セントもない人々への施しと理解される。それは私の興味を惹かない――私は、結局、個人よりもむしろ集団を助ける何事かを為すことと理解する」[23]。この意味で彼は、――ボーカー・ワシントンと知りあったのち――黒人のための教育施設を効果的に支援したのである。

アメリカ合衆国では七〇年代の始めから、ユダヤ人の貧困の問題がある。その貧困はレーガン行政のもとでさらに厳しさを増した。この状況のなかで社会学者、ハイム・ワックスマンは匿名で与えることを批判する――協会に寄付するとしても――。それは詩篇四一・二の理想から遠ざかっていた。彼は福祉国家の奉仕活動を決して評価していないのではない。「しかしその奉仕活動は、社会の価値と要求に基づいて、増大する数の市民を、サービスの受動的な受け手として単に主観的にではなく、『マンパワー』と『ウーマンパワー』の創造的な使用によって能動的に、共に組み入れるというような仕方で導かれねばならない。このようにして社会的な奉仕活動の統合的な機能が達成される(24)」。

7　イスラエルにおける所有と貧困

イスラエルの土地の九〇パーセント以上が国家所有である。一部は国に、一部はユダヤ国民基金（Keren Kajemeth Leisrael）に属している。レビ記二五・二三をよりどころにして、最長で四十九年間だけ賃借りされる。その後は賃貸契約書の更新が必要である(25)。しかし経済の基礎は私有財産が優勢である。それに対して農業分野は協同組合形式でしっかりと編成されている。つまり、個人的に土地を所有し個人的な経営者のいる少数のモシャブの村落〔各戸ごとに割り当てられた農地で家族経営を行なうが、灌漑、収穫、貯蔵、出荷、購入などはすべて共同で行なうという組合方式〕に対して、共有財産制の多くの社会主義的なキブツ〔土地・建物を含むすべての資産を共有し、生産・消費・育児などを共同化するという農業を中心とした共同体〕――いくつかは宗教的にも方向づけられている――がある。そしてモシャブは私有財産を有しているが、共同経営である。

イスラエルは一九五三年の後に立法によって、よく知られた西洋の基準に一致した社会システムと福祉システムを作り上げた。しかしここ数年来、どうやら国家福祉システムによって取り除かれることのできない貧困の存在が、特に社会的経済的に冷遇される都市地区に見られる[26]。外国の教区が関与している持続的な再建プログラムは自立のための援助と理解されている。古くからのゲミルート・ハサディーム（慈善事業）はおよそ二五〇の自発的な組織化を行っている。それと並んでさらに、財産を窮民援助のための基金に変える方法がある。全体的には任務の区分から考えて、多くは変えられなかった。つまり、共同体、即ち国家が福祉の主要な任務を引き受け、それに対して自発的な協会は特別な場合の援助を引き受けるのである。

一・二　資　料

国を代表するラビ、アブラハム・ホッホヴァルトとのインタビュー／デュッセルドルフ

ロート　ホッホヴァルトさん、ユダヤ人の市民の所有と貧困については、今日、どんな状態ですか。

ホッホヴァルト　その状態は全体として他の市民の状態と同じです。もっともユダヤ人の労働者集団

は数の上では自由業や自営業の集団より少ないのですが。他方、老齢化がユダヤ市民の財政状況に不利に働いています。

ロート　土地や不動産の所有はまだ何かある宗教的義務の影響下にありますか。例えば、安息年の農業労働の禁止を考えているのですが。

ホッホヴァルト　安息年の指示はイスラエルの国だけに当てはまります。神、聖なる土地、そして国民は統一を形成しています。しかしこの掟が、イスラエルのユダヤ人が土地を手に入れたとき、あるいは一定の条件が満たされさえすれば、すぐに施行されるかどうかは疑問の余地があります。イスラエルの上級ラビ職の見解は、この掟は今日でも有効であるがまだ義務づけの性格をもっていないということです。救世主の到着と第三寺院の建設が先行しなければなりません。しかしこの掟は無視されてはなりませんので、和解案が見出されねばなりません。

来年、五七四七年（一九八六／一九八七年）にはシェミッタ（Schemitta）［安息年］[27]が遵守されねばなりません。つまり、畑は休耕していなければいけません。しかし、一つには――既に述べましたように――法的な局面がまだ完全には明らかではありません。そして、第二には国は建設中で財政的困難と戦わねばなりません。したがって和解案（モードゥス・ヴィヴェンディ）が見いだされねばなりません。例えば、イスラエルのユダヤ人の土地は、この年のあいだ、ユダヤ人でない者にゆだねられるというような。そのときには、シェミッタの支配を受けません。もっともアグダー（Agudah）[28]に所属するすべてのキブツのような厳密な正統派の入植地があります。そこではこの問題にいかなる和解案もありません。したがって休耕による犠牲がもたらされます。指示を犯さないもうひとつの可能性は、ご存知のように土地を必要としない水栽培法の使用があるでしょう。

ロート　ツェダカーの思想は今日、どのような影響を及ぼしていますか。

ホッホヴァルト　ユダヤ人の住民はそれぞれ次の奉仕をするよう義務づけられていましたし、いまも義務づけられています。つまり、貧民救済基金（Kuppah anijim）、貧民のための料理（Tamchui）、病人の世話、死者の埋葬、そして学校制度です。その際、与える者が貧者に与えるよりも与える者自身が貧者から多くを受け取っているという原則がいつも適用されました。なぜなら、裕福な者が持っているものはすべて、神から裕福な者にゆだねられているにすぎないからです。富は永遠なる者に属し、永遠なる者は裕福な者が困窮している者の世話をすることを期待しています。

　そもそもユダヤ人はそれぞれ、生涯トーラー研究に専念することを義務づけられています。あるいは少なくとも、他の者がトーラー研究に専念できるよう配慮するように義務づけられています。したがって、トーラー研究者と商売や他の生計に専念している者とのあいだにはパートナーシップが成立していて、トーラー研究者を支えています。その時両者は、同じようにトーラーに関与しています。イスラエル国家の福祉に関しましては、そこでは主な負担を社会省が担っています。ドイツと同じように法律的な生活保障のシステムがあります。しかしさらに、個人的な福祉活動をする無給の実習施設があります。個人で経営される老人ホーム、孤児院、託児所、青年の家、盲人施設、そして障害者施設等がそれに属します。利子のつかないお金を困窮している者に貸す多くの公益協会もあります。

結局のところ、ユダヤ人の住民がそれぞれ——イスラエル以外でも——過越祭の前にお金を困っている者に配る運動が始まるというよき習俗もそれに属します。また愛の贈り物、即ち食料品をプリム祭に届けることは習慣です。また多くの学者は、聖書の「Maasser」——収穫の十分の一——という義務税は今日ではユダヤ人の所得の十分の一の税に移されるという意見です。そのため多くの正統派のユダヤ人は、月収の一〇パーセントを福祉目的のために取っておくということに注意を払っています。

ロート　無利子の貸付について語られましたが、出エジプト記二二・二四の利子の禁止は今日、どのようになっていますか。

ホッホヴァルト　原則的に、困窮している者に認められる貸付と例えば銀行に預けられる資本とは区別しなければなりません。銀行はその資本で仕事をし、利益を得る取引をしています。そして銀行は顧客のお金でこの利益をあげるのですから、顧客は当然、銀行から利子を得てもいいのです。同様に、銀行は顧客がその仕事のために必要とする貸付に対して利子を取ってもいいのです。この場合にはヘッター・イスカ (hatter iska) の慣行、つまり他の人と仕事上のパートナーシップをとってよい許可があります。このパートナーシップは利子の禁止の影響をうけません。なぜなら、この場合には利子は資本参加から出てくる収益だからです。イスラエルの銀行はそれぞれヘッター・イスカをもっています。銀行の顧客はそれぞれ自動的に銀行の出資者になります。これは借方の利子とも貸方の利子とも見なされません。それに対して、利子のつかない貸付は全く別の事態に関係します。それは仕事をすることにかかわるのではなくて、生活費を守ることにかかわります。

ロート　ツェダカーはユダヤの典礼に組み込まれていますか。

ホッホヴァルト　ええ、その考えは非常によく見られます。例えば、元日（Rosch Haschanah）の追加の祈り（Musafgebet）[29]で次のように言われます。「懺悔と祈りと慈善、これらは悪い運命を防ぐ」。また朝の祈りで、法律的な尺度とは異なる慈善行為の実行、ゲミルート・ハサディームが話題になります。

ロート　ホッホヴァルトさん、ありがとうございました。

[訳者注]
聖書の引用に関しては、『聖書』（新共同訳、日本聖書協会）を使用させて戴いた。以下、二章、三章も同様である。

二　カトリシズム

フリードリッヒ・トゥルツァスカリク

二・〇　概　観

所有と貧困に対する態度表明は、キリスト教では、これらの現象に対する原則的な反対を反映している。所有・財産と貧困についての評価の歴史は、同時にまた、この「世界」の構造へのキリスト教、即ち教会の接近の歴史でもある。

確かに（起源からして）徹底して「貧困・貧しい者を選び取ること」というようなものが存在したにしても、貧困と所有に関するキリスト教の実践は所有・財産のそのつどの評価によって広く特徴づけられているということが、歴史の経過のなかで常に確かめられている。意識的に選択されたキリストのまねびの可能性としての、実際に生きられた貧困、自発的な貧困は、とりわけ「急進的な」運動のなかで見いだされる――したがって少数者のもとで。即ち、原始キリスト教会、初期の隠者や修道士、ドミニコ会の試みにおいて、しかしまたカタリ派の信者、ヴァルド派の信者等のもとで。教会とキリスト教徒は、本来の「貧しい者を選び取ること」が長いあいだ忘れられていたという事実に強いられて、彼ら自身の実践にかかわるかぎりであるにしても、所有と財産の問題に対して態度を明らかにしなければならないという必然性がある。

簡潔な表現で強調すると、「貧困・所有」問題に対するキリスト教の意味ある主題は、長いあいだ貧困よりもむしろ所有・財産であった。

さらに、貧困と所有のためのあらゆる努力はそのつどの制限された社会的文脈で行われてきたということが常に確かめられるので、その成果は原則的にまずもって相対的と見なされるということである。聖書のメッセージから抽象的で時間を越えた原則を、まさに依然として抽象的で曖昧なままではない形で、導き出すことは、おそらく可能ではない。求められているのは、我々の時代にふさわしい価値表象と行動様式のための、聖書の啓示の基本方針の今日的な翻訳である。(1)

二・一　カトリシズムにおける所有と貧困

1　宗教の中心的言明にみられる所有と貧困

(a)　旧約聖書

イスラエル人の考えによれば、ヤーヴェのみがカナンの土地の所有者である。この土地はすべてのイスラエル人への彼からの贈り物である。したがって、各人がこの土地に関係している。土地への関係を失う者は、約束の割り当てをも失う。このことを背景にして貧しい者に対する保護という旧約聖書の諸規定が見られなければならない（出エジプト記二二・二一―一一、二二・二四、二三・六と一〇以下、また、申命記一五・七―一一と二二―一八、二三・二〇と二五以下、等）。

また、出エジプト記二〇・一七ａ「汝の隣人の家を欲してはならない。……」という欲望の禁止により、ここに「生活の場」がある。その安定した家は、所有者が結局はヤーヴェである土地、約束の地に立っている。

こうして、旧約聖書において貧しい者の観念は「同時に社会的で宗教的な構成要素」を含むということが十分、確かめられる。(2) 貧しい者はヤーヴェの約束による保護のもとにいて、ヤーヴェが約束に忠実であることを希望して困窮に際してヤーヴェに心中を打ち明けるのであるから、貧しい者は「謙虚な者」であり、「律法と所有を自分勝手に」[3]自由に処理することはない。

のちには、ヤーヴェが終りの時に貧しい者の権利を回復させるという希望が、この考え方と結びつけられる。最後の時の主の使いは、「貧しい人に良い知らせを伝え、……、打ち砕かれた心を包み、囚らわれ人には自由を、つながれている人には解放を告知し、主が恵みをお与えになる年、私たちの神が報復される日を告知する」(イザヤ書六一・一以下)ためにやって来る。

それからバビロン追放後には、「貧しさ」は「公正さ」と同じ意味で使われるという背景のもとで、律法実現の思想が現れる。そのとき、律法を特に徹底して遵守することに専念したイスラエルの集団が、この名前で呼ばれた。「貧しい」という観念は「敬虔な者の敬称に」[4]なる。クムラン教団〔一九四五年死海沿岸で遺構が発見され、エッセネ派の一部を構成したと考えられる〕では、「貧しい者」は「律法の実践者」であり、したがって共同体の掟を実現する者である。[5]

(b) 新約聖書

新約聖書と初期教会は二つの部分的に並行して進行する流れによって規定されている。一つには、とりわけ神の支配の始まりの期待とそしてそれと結びついた主にとって自由であるという必然性のなかで、強烈な財産批判である。

それと並んでもう一つの流れが形成される。それは――とりわけ、キリスト再臨の延期という思想に慣れなければならないので――実際的な判断基準のもとで、財産の評価と使用に関して妥協案を得ようと試みる。

財産批判

新約聖書の最初期の層（Logienquelle［Q資料、キリスト語録］）は、財産に「何か危険な物、神に反する物の烙印を押す」[6]数多くの証言を提供する。神に仕えることと富への献身は互いに相いれない（マタイ六・二四、並びにルカ一六・一三）。同じような対立が天の宝と地上の宝とのあいだにもある（マタイ六・一九―二一、並びにルカ一二・三三以下）。間近な神の支配を考慮して、財産のないイエスは同様に財産のない弟子たちを――彼らはその招聘にもとづいてイエスと同じようにすべてのものをあとに残した――告知のために派遣する（マタイ一〇・九以下、並びにルカ九・三、一〇・四）。「こうして幸いの約束は（物質的に）貧しい人々にふさわしく（ルカ六・二〇）、一方、金持ちと恵まれた境遇にいる人々には最後の審判による不幸が告げられる（ルカ六・二四―二六）」[7]。マルコ並びにルカの特有財産として、財産批判の物語が見いだせる。そこでは、金持ちを救うことの不可能性が強調され（マルコ一〇・二五以下）、マリアの賛歌では（ルカ一・五二以下）所有する者に対して貧しい者を神が最後のときに支持することが強調される。

イエス自身は財産のない放浪のカリスマとして登場している。イエスは弟子たちを同じ生活様式に呼び入れた（マタイ一一・一六―二〇）。それでマタイ六・三二並びにルカ一二・二九―三一は、所有に対するイエスの態度に、つまり、神の支配・神の国が近いのだから、地上の所有に距離をとるということに、反しているようにみえるかもしれない。他方では、イエスは「所有を禁欲的な厳粛主義者の批判的-狂信的な眼で」見てはいなかった[8]ということを、確かに見過ごしてはならないだろう。なぜなら、新約聖書のすべての資料層では、イエスが金持ちに招待されたことや（マルコ二・一五、一四・三、並びにルカ七・三六とそれ以下）、金持ちに支援されることや（ルカ八・一三、マルコ一五・四〇参照）、イエスが断食を拒んだことが（マルコ二・一四ａ）証言されるからである[9]。

共観福音書の伝承には、キリスト語録の財産批判の一部が見いだされるが、この批判は、至福にあずかる者としてたたえることと関連する金持ちの嘆きの叫びを省略することによって、少し取り下げられている。その上、マタイの共同体では、所有物を持ち祈りのために「静かな小部屋」に閉じこもることのできる信者と、派遣された者の話（マタイ一〇）が当てはまる、財産のない放浪のカリスマとが既にはっきりと区別されている。

ルカは単に提示された財産批判を引き継ぐのではなく、「不正な管理人」、「金持ちと貧しいラザロ」のたとえ話を関連づけることによって、財産の正しい扱いと誤った扱いの教えを提供する。真の弟子であることはすべての所有の放棄を意味する（ルカ五・一一、一二八、一四・三三）。正しい懺悔は一切の所有から離れることを要求する。困窮に苦しむ者が誰もいないというエルサレム原始共同体の完全な財産の共有についてのルカの報告は、確かに「自発的な財産の放棄という伝承された特殊事例のルカによる一般化である。それによってルカは原始共同体にギリシャ-ヘレニズム的共同体の理想があると考えている[10]」。

財産に対するパウロの立場は、とりわけ、彼の告知が都市-ヘレニズム的文化の特徴を考慮しているということによって規定されている。「共観的伝統の過激なエートス……、イエスによる運動の倫理的な急進主義、家族を持たず所有もなく援助もないというそのエートスは、パウロによって基礎づけられた共同体には、いかなる生活空間も持たなかっただろう」[11]。パウロは使徒の生活費の権利を放棄し（コリントの信徒への手紙一　九）、自足して生活し（フィリピの信徒への手紙　四・一二）[12]、迫り来る終末を期待して世界に対する批判的な距離を要求するが（コリントの信徒への手紙一　七・二九―三一）、共同体における社会的格差やそれと結ばれている問題も知っている（コリントの信徒への手紙一　一・二六並びにそれ以下）。彼は貪欲を厳しく批判する（テサロニケの信徒への手紙一　四・六、コリントの信徒への手紙一　五・一〇）。エルサレム共同体の集蘠文は均等化の思想で基礎づけられている（コリントの信徒への手紙二　八・一三以下）。

ドイテロ=パオリーネ（Deutero-Pauline）［パウロの第二教説］では、所有と財産が既に何か日常的なものと見なされている。これはまさに先に言及された第二の流れの最初のしるしである。強欲は警告される（コロサイの信徒への手紙　三・五、エフェソの信徒への手紙　四・一九、ヘブライ人への手紙　一三・五、等）。慈善の観点は重要である（エフェソの信徒への手紙　四・二八、テモテへの手紙一　六・一七並びにそれ以下）。「お金とのかかわりが自明になっていることを、職に就いている人にふさわしい賃金を支払うことの勧告が示している（テモテへの手紙一　五・一七、テモテへの手紙二　二・六）、それどころかその上既に利益への激しい欲望が警告されなければならない（テモテへの手紙一　三・三、三・八、テト

スへの手紙　一・七、ペトロの手紙一　五・二〕、そして言うまでもなく偽教師は利益追求に服している〔テモテへの手紙一　一・一、ペトロの手紙二　二・一四〕[13]」。

貧困の高い評価

初期教会は多くの貧しい人々を構成員としていたということから出発しなければならないだろう。しかしこの経済的な観点のほかに、貧しい人々、身分の低い人々、そしてしいたげられた人々に対する神の配慮という旧約聖書の伝統が生き続けているということも考慮されるべきである。

この観点は至福にあずかる者としてたたえることのなかで明瞭に示される〔マタイ五・三―一二、ルカ六・二〇―二三〕。イエスはそこで、「神はまさに貧しい人々に彼らの権利を与える[14]」と告げる。特定の集団に、あるいは霊化することによって明敏になろうとする試みにいかなる制限も制約もない。イエスの言葉や活動、彼の「罪人や収税吏、零落した人や宗教的に軽んじられた人、病人や悪霊にとりつかれた人、当時の社会ではほとんど顧慮されなかった女性や子供、に対する擁護」は「貧しさや飢えや悲嘆が彼によって現実的に考えられている[15]」ことを明らかにする。イエスは終末を告知する使者であるかのように登場し〔イザヤ書六一・一参照〕、「貧しい人々の方を向き」、「縛られた人々の縄」を解くことによって、使者のように振る舞う。

おそらくキリスト語録に最も近いルカの理解では、至福にあずかる者としてたたえることのあとに嘆きの叫びが続く〔ルカ六・二四―二六〕。それは至福にあずかる者としてたたえることと結びつけて、イエスとともにそこにある神の国は、「現在の境遇の反対が、今、飢え、貧しく、嘆いている人々にもたらされる」[16]ことを表現している。

マタイは至福にあずかる者としてたたえることを解釈し倫理的にした。キリスト語録の具体性に対して、彼は「厳密に経済的な把握」に予防措置を講じ[17]、同時に話された人々の集団を拡張しようと試みた。彼は金持ちに対する嘆きの叫びを省略することで、共同体の裕福な人々との軋轢を避ける。

使徒言行録には貧困の高い評価に対する、正しい行為（使徒言行録四・三六以下）と間違った行為（使徒言行録五・一―一一）の実例がある。使徒言行録の大意がそれ自体必ずしも完全に筋が通っていないにしても、しかし次のように留められるだろう。

「(a)　財の分配は自発的に行われたが、クムラン教団においてと同じように要求されてはいない。

(b)　キリスト教徒は共有の富を築くのではなくて、彼らが既に所有しているもののみを分配した。このように未来に対する配慮が欠けていることが、相互性に基づき間近に迫っている終末を期待して財の分配が生じたということを推測させる。知られる限り、この実践はエルサレム共同体に制限されていた」[18]。

妥協案

「我々がパウロ流の布教教団と初期キリスト教の後の展開において、『財の共同体』というこの終末論的・熱狂的な形態に、……もはや出会わないとしても、このことは一つには、世界的規模の布教使命のために直接的な間近の期待の緊張が弱まったことと、さらには、イスラエルで行われた『愛の共産主義』の形態が長い間には単に実用的でなくなったことに関連している」[19]。

原則的に初期の教団はその環境が、もはやもう一度この環境では見られない社会構造によって、区別される。「困窮している人を追い返さず、すべてをあなたの兄弟と共に使い、それはあなた自身の問題だと言ってはならない」[20]。アリスティデスは初期キリスト教徒の社会的振舞いを次のように記述している。「彼らはとても謙虚に生活し親切である。嘘は彼らには見られない。彼らは互いに愛し合っている。寡婦を彼らは軽蔑しない。彼らは孤児を虐待する者から孤児を救い出す。持つ者は、持たない者に嫉妬しない。……しかし貧しい者のひとりが世を去り貧しい者の誰かある者が彼を見るとき、彼はその能力に応じてその者の埋葬の世話をする。彼らのひとりがキリストの名ゆえに捕らえられ苦しめられていると聞くと、皆、彼の必要なものを世話し、出来るだけ救い出そうとする。そして彼らのなかには貧しい者やみすぼらしい者がいる、そして彼らは余計なものを持たず、二、三日断食する、それは彼らが貧しい者の食事の必要を満たすためである」[21]。この原文の抜粋はまさにキリスト教徒の実践を的確に描いている。しかし不可欠な必要を越えた所有は正当か不当かという問題は、抜粋ではまだ基本的に明らかにされていない。この解明は、初期教会では、「ヨハネの黙示録的な際立った論争法」[22]の激しい財産批判という方法でも「自足という一般受けのする哲学的理想」[23]によっても行われておらず、「実効性のある絶えざる均等化の試み」[24]によって行われている。この道は反論され得たし、反論されねばならなかった。なぜなら、キリスト教がやがて手工業者、小規模な自営業者、そして小規模な農民という小市民階級の宗教として、[25] 当時の世界環境に反して、実直な手仕事を非常に高く評価したからである。[26] その上二世紀には、キリスト教は上流の所有層にますます浸透していった。しかし、決定的要因と見なされるのは貧民救済の実践である。それは、まさに所有や人が手放すことのできない財産なしには全くやっていけなかった。この救済は「貧しい者と金持ちの相対的な均等化」[27] をしだいに消失させる。寄付金は礼拝で集められた、あるいは教団構成員の財団が作られた。先に引用した、富についてのドイテロ＝パオリーネの寛大な判断は、確かに次のように述べている。金持ちは立派な仕事をする機会を有している。「金持ちは貧しい人々を援助すべきである、貧しい人は、神が金持ちに与え、そうすることでその窮乏を取り除くことを神に感謝すべきである」（クレメンス一世　三八・二）。

ヘンゲルによれば、ヨハネの手紙一　三・一七に初期キリスト教倫理の根本的動機が見いだせる。「世の富を持ちながら、兄弟が必要な物に事欠くのを見て同情しない者があれば、どうして神の愛がそのような者の内にとどまるでしょう」。

それ故、「金持ちに扉を指し示さないが、それだけいっそう彼らを『支払い窓口に呼び寄せる』[28]」妥協案が重要である。例えば、アレクサンドリアのクレメンス（紀元後二一五年以前に没）がその著作でこの妥協の実行の神学的弁明を提出する。「どの金持ちが救われるのか」（Quis dives salveture ?）。彼はマルコ一〇・一七―三一の説教、金持ちの若者とイエスとの出会い、をきっかけとして持ち出す。クレメンスは、説教にもちいられる聖書の章句の文字どおりの解釈を拒みイエスの要求を「内面化する」ことによって、極端な苦行に対して抵抗する。人間は富を欲望する心を浄化すべきであるという。「金持ちがその財産を、財産が神から彼に管理するよう任せられたように使うならば、特に貧しい人々や助けを必要とする人々のために使うならば、富そのものは神の国から無条件に閉め出すことはない」[29]。喜捨は正義の義務である。神は世界をすべての人間のために宝物でみたして創造した。したがって、金持ちは貧しい人々にその宝物を渡さないでよいということはない[30]。

喜捨の義務については「財産の社会的義務」の初期の形態のような何かが実践されたということかも知れない。しかし、この実践によって当時の社会の分配構造は原則的には変えられなかった。

カエサレアのバシリウス（三七九年没）も所有物を貧しい人々のために投入する義務を主張した。しかし彼はさらに少し先に進む。富が「貧しい人々に分け与えられないならば、それは不正である。所有している者が搾取された貧しい人々に……何も分けず、そのことによって貧しい人々をひょっとして困窮のうちに死なせるとしたら、その者は殺人者と見なされうる」[31]。彼は金持ちたちが共有である物を私有財産にしたと非難する。彼らは神の所有物を持っているということを口実に言い逃れることはできない。神はなるほど彼らに財宝を与えたかもしれない、「しかしそれはただ、生活の必要を満たし、その他にはその財宝で貧しい人々の世話をするためである。それ故、財宝は彼らに財産として与えられたのではなく、管理のために与えられたのである……、そして財宝が彼らから他の者にもたらされなければ、彼らの所有は盗みである、なぜなら、その所有は本来、神に――そしてそれとともに貧しい人々に属すからである」[32]。

バシリウスは社会の弊害の分析から一種の「キリスト教社会主義」に到達している。彼はそれを神に対する責任という思想によって基礎づける――財産は神の贈り物としてただ管理するために人間に与えられている――。

ヨーアネース・クリュソストモス（四〇七年没）はこの原則的な喜捨の義務を次の範型に発展させる。「アンティオキアでは金持ちが一〇パーセント、貧しい人々が一〇パーセント、残りが中間層である。さて、貧しい人々を金持ちと平均以上の裕福な者に分担させると、ひとりの貧しい人はおよそ五〇人から一〇〇人の住民に割り当てられるだろう、すると容易に世話されるだろう」(33)。

バシリウスやクリュソストモスのこの激しい財産批判の項目が全キリスト教徒のふさわしい実践にならなかったとすれば、それはとりわけ以下のせいであった。即ち、彼らが一匹狼であったということ、そして神学者の大多数は、富を神からの贈り物であり、社会的な差異を神によって配置されたものであり、それゆえ私有財産の権利を侵すことのできないものであると考えたからである。

それでもなお依然として、隠者ないし修道士たちはキリストのまねびの意識的に実践された形態である自発的な貧困生活を送った。福音を純粋に生きようとする者は、所有を断念しなければならない。それは、この世から離れることのしるしとしての、キリスト教の世俗化に対する抗議のシグナルとしての、自発的な所有の断念である。隠者は家具、衣服、そして道具の必要不可欠なものだけを持っていた。彼らは手仕事によって暮らしをたて、生活を瞑想で満たした。パコミウスの修道院では所有物のすべてが共同体に移った。生活費は労働によって得られ、後のドミニコ会のように托鉢で得られたのではなかった。ドミニコ会の個々人はすべてを放棄し、その代わり所有物を持つ共同体から生存の保証を受けた。「保証された貧困」である。

2 中世と近代初期の歴史的経過と範型

中世には二種類の貧困が知られていた。社会的現状から結果的に生じた、非自発的な、まさに物質的な貧困と自発的な、精神的な貧困である。その際、非自発的な貧困は「自ら引き受けなければならない、神によって望まれた苦しみと見なされたが、欠陥のある生産・分配システムの結果とは見なされなかった」[34]。キリスト教教団はこの非自発的に貧しい人々を受け入れ、彼らに保護と喜捨を提供した。このことは、例えば司教教会や主任司祭教会の貧民名簿が証明している。ヌルシアの聖ベネディクトの会則は修道院の門にいる貧しい人々すべてにキリスト本人を見るように要求した。「このように修道士は規則的に喜捨するだけでなく、収穫のあいだあるいは建設計画に際して仕事の可能性を開き、飢饉のときに備えてあらかじめ準備した」[35]。修道院や司教教会と並んで簡易宿泊所や救貧院ができた。数多くの大惨事が貧しい人々、零落した人々の数を増加させた[36]。「一一九七年には穀物が既に一月にぎりぎりだった。ライン地方のシトー会大修道院、ハイスターバッハで世話された貧民の数は、この年には一日に千五百人という最高値にまでのぼった」[37]。

この新しい貧民が生じたのは経済形態の根本的変化にその原因があった。つまり、自然経済が貨幣経済に進展した。フランドル地方、南フランス、そしてイタリアの織物生産の中心地には依存的な賃労働の生活形態が生じた。それまで雇い主の耕地に拘束されていた人々はある種の社会的な保護を得ていた。いまや自由になって日々の賃金に依存するようになると、自由になった人はどんな社会的な保護も欠き、絶えず貧困におびえていた(38)。およそ一二〇〇年頃、貧困の評価に変化が生じる。「いまや、困窮者のために救済施設を作ろうという努力がなされた、なぜなら、貧困はその後続現象とともに社会現象と見なされ始め、もはや摂理によって課された運命と見なされなくなり始めたからである(39)」。

さて、二つの形態に即して、所有と貧困に対するキリスト教の立場が明確に説明されねばならない。

(a)　貧困――アッシジのフランチェスコ

フランチェスコは、その思索と行為によって、新しい経済形態の結果と対決する彼の時代の宗教的潮流に一致している。それは、利益追求心に対するキリスト教の良心の抗議である。フランチェスコの貧困の理想、あるいはまたヴァルド派の信者、アルビ派の信者、カタリ派の信者、そしてフミリアティ派の信者が採用したさまざまな展開は、この抗議がさまざまな道をたどったことを明らかにする。フランチェスコはその生活と思索において肉体的貧困並びに精神的貧困に決定的な役割を割り当てた。彼にとって貧困はキリストとともにある共同体の前提と見なされた。そのため、彼はアッシジの彼の周囲の野心的な成金たちに対して批判的距離をとった。兄弟会則（Regula non bulluta およそ一二二一年）でフランチェスコの運動の根本理念が確立された。個人並びに兄弟の共同体ではどんな所有も断念すること。生きるのに必要なものを得るために簡単な労働をする義務。権力の行使を含み得るどんな地位も拒否すること。お金とのかかわりを拒むこと。彼らが生活費を労働によって得られなかったなら、「もし労賃が我々に与えられなかったなら、我々は戸から戸へと喜捨を乞うことによって、主の食卓に逃げ道を求めた」(40)。こうして彼らは、社会の周辺集団に組み込まれ、「キリストの実例と指示に従うために、貧困に依拠した。しかしまた彼らは、成長してくる資本主義の精神と実践に身を任すことを拒むがゆえに、そうしたのである」(41)。しかし、修道会での、この世の物を貧しさにふさわしい仕方で使用するための長い持続的な戦いが明らかにするのは次のことである。即ち、少数の兄弟たちの精神的貧困に対する義務は、彼らが出所空間を去るや否や、「キリスト教の伝承と経済的な拡大から生じる社会」を相互に調和させる必要性を顧慮しなければならないということである(42)。「フランチェスコは彼のこのような生活形態を教会に承認してもらうことによって、教会自体にとっての貧困の意義が再び正しい光へと引き戻された」(43)。

(b)　財産――アクィノのトマス〔トマス・アクィナス〕

トマスはキリスト教の伝統と彼の環境の経済的要求を調和させようと試みる。その際、彼はエルサレムの原始教会の財産共同体と当時の私有財産の法的基礎づけにさかのぼって話を進める。

彼の熟慮の出発点には、神が「すべての物の第一の主権」(44)を持つという思想がある。人間は「物を使用する権能に関して、物に対する自然の支配権」(45)を持つ。それ故、人間には神の創造物である財の使用権（potestas utendi）がふさわしい。この「自然の支配権」ということで、個人の財に対する法的な処分権能という意味での「取得し分配する権利」[46]ということが言われているのではない。

共同使用と私有財産との関係をトマスは次のように見た。「物の共有は自然法に由来するが、それはあたかも自然法が、すべてを共同体で所有するように提示されているからではない。そうではなく、所有の区別を自然法に基づいてではなく、人間の自由な使用に基づいて与えるからである。そしてそれは文章化された権利の領域に属す。それ故、自己所有は自然法に反しているのではなく、人間理性による考案に基づいて自然法に付け加えられるのである」[47]。

使用権（usus communis）は、各人に地上の財に対する接近を認めるが、しかしまた、彼が他の人に財の必要を伝える義務を負う自然法である。この基礎に基づいてはじめて具体的な財産秩序が生じうる。トマスによれば、これがひとつの財産共同体でありうる――例えば楽園の状態におけるような――。歴史的な条件のもとでは、使用権はただ私有財産秩序においてのみ――特定の物質的な財を特定の人物に付属させることとして――実現されねばならないし、実現されうる。「つまり人間の自然理性は、各人が自らの財産を自由に使用するとき、最も適切に公共の福祉に役立てられるという確信に至る」[48]。トマスは三つの根拠を挙げる。「外的な事物に関しては二通りの仕方で人間に権利がある。その一つは取得し分配する権利である。そしてその限り、財産を所有することは人間に許されている。それはまた、人間の生活に必要不可欠である、しかも三つの根拠からしてそうである。第一に、各人は、すべての人にあるいは多くの人に属するものよりも、自分だけに属するものを取得することにより多く配慮するからである。なぜなら、各人は仕事を厭い、共同体にかかわるものを他人に譲るからである。多くの人がいっしょにいるところでは、物事はそのように生じる。――次に、人間の業務は、何かあるものの調達に各個人が自分自身の心配をするとき、よりよく運営されるからである。しかし、各人が無差別にすべての可能性を心配すれば、混乱するであろう。――第三に、このようにして人間の平和な状態は、各人が自分自身の事柄に満足しているとき、よりよく維持され続けるからである。それ故、我々は、何かを共有したり全体で所有している人々のもとで、しばしば争いごとが勃発するのを見るのである(49)」。

このような財産の秩序は人間の理性と意志によって行われる自然法の補完を表している。それ故、財産の秩序は使用権（usus communis）と同じように自然法に属すのではない。私有財産の権利は世界法（jus gentium）として、絶対的で不変の自然法ではないが、自然法に関係している。この私有財産の秩序は「財の共同使用を実現するための手段(50)」である。公共の福祉と共同使用は、この私有財産の秩序にとって、標準的指針である。即ち、トマスはむしろ社会法的な範疇で考え、個人倫理的な範疇であまり考えていない。

こうしてまた、トマスが自分の所有物の不必要な部分を喜捨するように要求するとき、それは理解できるし首尾一貫している。「したがって、自分が持つ過剰な物は自然法に基づいて貧しい人々の生活費に返済されねばならない(51)」。そして彼は生き延びようと奮闘している人に他人の財を使用する権利を認める。「なぜなら、そのような苦境にあって、自己の生命を維持するためにある人が選び取ることは、……所有物となるからである」[52]。

「アクィノのトマスのこの熟慮は、教会の財産理論において、今日に至るまでの後の全時代にわたって指針となり続けている。私有財産の権利は、それがあらゆる意味で財のよりよい使用に寄与するがゆえに、そしてそのかぎり、守られる。しかしそれは、貧しい人々を犠牲にして金持ちの特権になってはならない。しかし、社会的差異の克服は、主として、喜捨に対する金持ちの倫理的義務に期待される。貧しい人々の状況を社会政治的な措置によって改善する可能性と必要性は、十九世紀になるまで、まだ意識の地平の外にある。その点で、この財産理論は保守的であり、現存する諸関係を安定させる働きをもつ[53]」。

3　近代と現代

(a)　私有財産の基礎づけ

十九世紀に政治的、社会的、そして経済的諸関係の変化の結果、人格の尊厳と権利が意識されるようになる。この関連で、すべての財がすべての人間のためにあるという原則的な規定の派生である私有財産の基礎づけは、さらなる基礎づけの綱によって補完される。財産の基礎づけは個人に集中される。「個々の人間は、人間であることによって財産の最初の相続予定者である。……財産がなければ存在の可能性はなく、財産がなければ自由はなく、財産がなければ人間的人格の展開はない[54]」。さらに、財産の基礎づけは人間の労働ということからより細かく見られる。爆発的な人口増加にともなう大規模な貧困並びに社会的な連続した問題をともなう工業化は、社会的なカトリシズムの根本的に新しい方向づけを要求する。自発的な喜捨と慈善団体による援助によって困窮の軽減を実現しようと努められる。（ずっと）のちになってやっと、社会的なカトリシズムで、従来の慈善活動を越える一貫した、近代的な社会政策と有効な労働組合連合を含めた「状況改革」についての理解が広まっていく。

「生産過程の遂行において金融資本と物的資本が資本所有者の財産へと蓄積することは、この蓄積過程に対し労働が関与しているということを除外して理解されるべきである、なぜなら労働の寄与は賃金で弁済されているのだから」という見解は、社会批判的な道徳神学者たちによって、人間の労働の誤認としてだけでなく、「さらに、キリスト教の伝統によって徹底的な形で要求された、財はすべての者に対してあるという規定の誤認」と見なされている。(55)

総じて、今世紀に至るまで、社会主義的なそして共産主義的な運動の基本的な要請に反して個人による私有財産を、個人の基本的な権利によって、定めようとする基本的傾向が認められる。「レールム・ノバルム（Rerum novarum）［新しい事について］」（一八九一年）と「クァドラゲシモ・アンノ（Quadragesimo anno）［四十年後］」（一九三一年）の回勅は、この考えを採用している。レールム・ノバルムは私有財産を要求しているが、所有する権利を決して聖なるものと見なしておらず、「持たざる者の財産への請求権(56)」に言及する。それとともに、しかしまた財産の二重の性格が強調される。つまり、個人の幸福と公共の福祉に対する個人的な機能と社会的な機能が。私的所有に賛成する根拠を第二バチカン公会議が「今日の世界における教会の司教会則」で要約した。「私有財産あるいは外的な財に対するある能力は、各人に個人と家族の自立のための明らかに必要な空間を与える。我々はそれらをいわば人間の自由の拡大と見なさなければならない。結局それらは職務と重荷の実現に対して刺激を提供するのだから、それらはある仕方で市民的自由の条件を表している」[57]。

最近になって、私有財産の相対化の試みが確認される。まず、財に対するすべての人間の自由な使用権という伝統的な理論が総じていっそう強調される。すべての者の福利のためにこの財を使用する具体的な形態としての私有財産の秩序は二番目になってやっと出てくる。次に、結局はまた「財産制度の弱体化」に導く労働の優位が強調される[58]。

(b)　貧しい人々との連帯

「土地に関する財産」の特例として第二の趨勢が指摘されうる。先に述べた司教会則の箇所で、第二バチカン公会議は、あまり開発が進んでいないいくつかの国々の「大土地所有」という問題の取り扱いに関して、これまでに知られていない明瞭さで土地所有の分割、場合によっては接収の可能性について語る。その場合、適切な補償のほかに、二つの条件、即ち、一、土地がこれまで充分に利用されていない、二、優遇される者が土地を実り豊かに利用することができる、という条件が満たされることが必要である。

「ポプロールム・プログレッシオ（Populorum progressio）」（一九六七年）の回勅でパウルス六世はこの考えをさらに進める。「公共の福祉はときには土地所有の分割を必要とする。それは土地所有が、その大きさ、そのわずかなあるいはそもそも成果のない利用のために、住民がそれによって受ける悲惨さのゆえに、国が被る著しい損害のゆえに、公共の福祉の妨げになっているときにである」[59]。

二・二　資　料

貧しい人々とのこの連帯の具体例は三つの資料で指摘されるはずである。

1　一九七九年二月十七日、プエブラで開催されたラテンアメリカ司教団の第三回総会の成果報告（抜粋）

「精神の活気に満ちた力への新たな希望でもって、我々は、明瞭で預言者的な、優先的で連帯的な、貧しい人々のための選択を表明した第二回総会の見解を再びわがものとする。……我々は、包括的な救済に目を向けて貧しい人々のために優先的な選択をするという意味での、すべての教会の改心の必要性を確認する。

我々の兄弟の圧倒的多数は、今もなお、貧困とそしてその上さらに増大した悲惨さのなかで生きている。（……多くの人々の貧困という犠牲ゆえにしばしば生じる、少数者の手の中への富の蓄積に反して、兄弟たちは最も基本的な物質的財に事欠いているということを、我々は注意する。貧しい人々は物質的財に事欠いているというだけでなく、人間的尊厳というレベルでも完全な社会的政治的共同関係者性を欠いている。このことは特に、我々の先住民、地方の住民、労働者、都市の周辺集団、そして抑圧と周辺的地位ゆえにとりわけこれらの社会層の女性に対してあてはまる。）……

完全にではないが我々はラテンアメリカの教会で貧しい人々のために充分、尽力してきた。いつもではないが我々は彼らの世話をし、いつもではないが我々は彼らと連帯している。貧しい人々への奉仕は、実に、全キリスト教徒の絶えざる改心と浄化を必要とする、それは、貧しかったキリストとの、そして貧しい人々との常に完全な一体化が実現されるためにである。……

ラテンアメリカの経済的不平等という、憤りを呼び起こす現実によって必然的となるこの擁護は、厳かな親しい人間的共生を作り上げ、公正で自由な社会を築くことに繋がらなければならない。

不公正な社会的、政治的、そして経済的構造の必然的な変化は、それが、それ自体として改心の用意をすることになる、人間にふさわしい幸福な人生という理想に関する個人の物の見方と社会の変化を伴わないとしたら、現実的で包括的なものとはなり得ない。

貧しい人々との連帯としての、そして大陸の住民の大多数がそこで生きる境遇の拒否としての、貧困への福音の要求は、人生において個人主義者であることから、そして消費社会の誤った理想に惹きつけられそそのかされることから、貧しい人々を守る。同様に、貧しい教会が厳としてあることは、それが金持ちの改心のきっかけとなり、金持ちを隷属状態とエゴイズムから解放することによって、富に執着する彼らに福音を伝えることができる(60)」。

2 一九八四年のアメリカ合衆国カトリック司教会議の司教教書「貧しい人々が基準でなければならない」（一九八四年十一月十一日の第一版からの抜粋）

「したがって『貧しい人々に顔を向けること』は聖書の証言の正しい解釈であり今日の教会をさまざまな使命の前に立たせる。まずそれは、教会に預言者による委託を課す。つまり、抵抗力の無さ――聖書の考えでは貧しい人々はまさにそうである――から守る調停者を持たない彼らの話し相手になることである。同様に、それによって憐れみの視点が要求される（ルカ一〇・二三）、そうして教会は物事を貧しい人々の目で見ることができ、社会的な設備や目標設定のような生活様式を貧しい人々への影響という観点から評価することができる。最後に、最も根本的な要求は個人的なそして社会的な自己放棄である。それは、教会が貧困と無力さに囲まれて神の力を体験するためである。貧しい人々に顔を向けることは、イエスが受肉において放棄したこと（ケノーシス kenosis［神性放棄］）（フィリピの信徒への手紙 二・五―一一）に対する社会的なそして教会学的な対応物である。

……カトリックの社会教義は、貧しい人々の困窮の緩和に対する責任は社会のあらゆる成員にあるということを明確に確認している。すべての兄弟は、個人として、貧しい人々を愛による援助と個人的な関与を通して助ける義務がある。財政的に援助するか、時間とエネルギーを割くか、ほかの何らかの仕方で助けるかどうかは別にして、我々はすべての市民に、貧困の緩和の手助けをするためにより多くそしてより徹底して関与することを要求する。……我々は次に、貧困との戦いの国家的な戦略にとって必要な要因を提案する。
一、貧困を回避することにとって鍵となる要因は、健全な経済によって貧困を阻むことである。……
二、女性や少数派に属する人たちに仕事の機会を平等に提供するために、活力のある対策が講じられねばならない。……
三、税システムは貧しい人々の負担が減らされるように改良されねばならない。……
四、政府の政策は貧しい人々のための自助プログラムを提案し支援すべきである。……
五、学校は貧しい人々の子供たちに資格の取れる教育を受ける機会をもっと認めるべきである。
……
六、両親が働く場合には、子供のより良い世話人を両親が自由に使えるようにすべきである。
……」。(61)

3　一九八五年のフランシスコ会修道士の最近の主要な参事会における「貧しい人々のための選択」の確認（九項目のうち、ここでは最初の諸項目）

「一、それぞれの管区は、少なくとも、貧しい人々の地域に植え付けられる親しみを持つように激励される。ここでは兄弟たちが貧しい人々と一体化し、彼らといっしょに祈りのなかで反省し、より良い世界のための戦いにおいて彼らに加わるべきである。貧しい人々は我々が神の言葉に耳を傾けるのを助けることができる、と我々は信ずる。

二、我々は修道会がそしてとりわけ管区が具体的な道を見いだすよう激励する、つまり、所有者であることや所有の放棄を、我々が真に「小さき者」として生きるというほどにまで遂行するよう激励する。

三、それぞれの信徒会と各兄弟は物質的な物品の使用に際してより貧しい物を選択すべきである、そして増大する消費主義に反対する預言者の証言を与えるために、不必要な物を持ったり買ったりすることを拒否すべきである。

四、それぞれの管区は、その財を貧しい人々に分け与える具体的な方法を手にすべきである。……」。(62)

三　プロテスタンティズム

ロルフ・クラマー

三・〇　概　観

プロテスタントの教会では貧困は、物質的に貧しく財産のないこととして社会経済的観点のもとで受け取られるだけでなく、神学的な意味でも受け取られる。宗教的に貧しい人は、金持ちに対して、別の価値目録を持っている。彼は自分の生命を自分で守ることができるとは思わず、彼の希望を神のもとに置く。彼はなるほど無力であるが、しかしその代わり永遠の救いの確信に満ちている。そこから貧困はその尊厳を得る。それ故、プロテスタントの理解によれば、自発的に選ばれた僧侶の物質的な貧困はキリスト教徒の実存の特別な形態とは呼ばれ得ない。

今日、貧困と財産のないことの問題には、社会的な現象が見られる。社会倫理は「責任ある社会」

という決まり文句で、工業諸国の第三世界の国々への支援を要求する。このことは同時に、エクメーネ［世界教会一致運動］教会にとっては、第一世界の国々による発展途上国への抑圧や搾取に対して反対することを意味する。

最近の個別的な社会倫理では、工業諸国の「新しい貧困」が語られる。大量の失業とともに生じた諸問題がこの表現で理解されるべきである。

三・一　プロテスタンティズムにおける所有と貧困

1　聖書における貧困の理解

貧困という観念は聖書では多義的に使用されている。貧困が出てくる主要な三つの領域がある。ひとつには、貧困ということで社会経済的次元が記述される。そこでは財産のない者、困窮している者、あるいは冷遇されている者が明示される。次に、この社会経済的次元をこえて、貧困が敬虔さや公正さと同一視される神学的次元も存在する。そのときにはもちろん、貧困はひとつの好機であるという印象を与える。なぜならこの場合には、貧しい者はその希望を、物質的な財にではなく神と神の強さに置くからである。最後に、貧困と貧しい人の存在はさらに、金持ちにとってはひとつの好機を意味しうる。つまり、金持ちが貧しい人の面倒をみ哀れむとき、彼の行為は神の哀れみと愛に匹敵するからである。貧困のこの三つの観点は、その観念の個性的な特色をとりわけはっきりと示している。

(a)　旧約聖書の伝承

貧しい人は社会的・経済的意味では、金持ちの対極にいる人である。貧しい人は困窮し財産を持たない。貧困は人間の行為（より適切には行為しないこと）の結果のひとつと見なされる。「手のひらに欺きがあれば貧乏になる。勤勉な人の手は富をもたらす」（箴言一〇・四）。一般に知恵文学は、社会的・経済的意味での貧しいことに関して、並はずれて内容豊かである。貧しい人に対する憎悪が語られ、金持ちは多くの友を持つという事実が語られる（箴言一四・二〇）。上手にやりくりする人、勤勉で有能な人は富の実りを収穫し、貧しくあり続けることはない（箴言二四・四、一〇・四、一一・一六）。貧しい人は孤立化（箴言一四・二〇、一九・四と七）、安らぎのなさ、自負心の辱め、功績の不承認（箴言一八・二三、知恵の書九・一六）に見舞われる。次に、貧困を自己責任の結果と見なすこれらの言明のほかに、自己責任ではなく支配的な状況の結果と見なされる貧困についての指摘もある。とりわけ預言者の文学はこの見方の例をたくさん持っている。相対的に少数である金持ちと支配者の層が多数の貧しい者、財産のない者、そして権利を奪われた者に対峙している（イザヤ書一〇・一とそれ以下、エレミア書五・四以下と二五―三二）。特に、貧しい人々を抑圧する金持ちが非難される。預言者のこれらの批判はとりわけ次の三つの観点を強調する。

一、望まない貧困と圧迫の結果は、人生において不利な扱いを受け、そして一般に権利が低いという特徴を持つ貧しい人を提示することになる。彼については、ヤーヴェによっていまやその権利要求を受け取る者と語られる。こうして貧しい人は「神の保護の相続予定者」[1]になる。権利の抑圧に対しては、貧しい人はただ、その助けをヤーヴェだけに求める者として抵抗することができる。金持ちに対しては、「この言葉を聞け。サマリアの山にいるバシャンの雌牛どもよ。弱い者を圧迫し、貧しい者を虐げる女たちよ」（アモス書四・一）があてはまる。資産のない者と権利を奪われた者はその保護と権利を、金持ちや乱暴な者からではなく、主自身から受け取る。

二、それ故、貧しい人について、彼が自分で権利を求めるのではなく、それを神にゆだねるということがいわれる。「虐げられている人に、主が砦の塔となってくださるように、苦難の時の砦の塔となってくださるように」（詩編九・一〇）。その結果、貧しさと惨めさの自己呼称は結局、「公正な者」[2]という観念の解釈と充塡になる。「主はわたしに油を注ぎ、主なる神の霊が私をとらえた。私を遣わして、貧しい人に良い知らせを伝えさせるために。打ち砕かれた心を包み、捕らわれ人には自由を、つながれている人には解放を告知させるために。主が恵みをお与えになる年、……を告知するために」（イザヤ書六一・一以下）。それ故、貧困は神学的意味で理解される。なぜなら、貧しい人々の集団は、彼らに神の助けがやって来るということによって特徴づけられるからである。神は貧しい人や惨めな人の後見人である。神は彼らを救い出す。[3]このことは貧しい人（アナヴィーム Anawim）個人にあてはまるだけでなく、貧しい人々の階級あるいは集団にもあてはまる。所有者あるいは金持ちも個人としてまた集団として言及される。例えば、預言者たちが財産のない者や貧しい者を抑圧する支配者たちに問いかける場合がそうである（エレミヤ書五・二六とそれ以下、エゼキエル書二二・六とそれ以下、アモス書五・七とそれ以下）。

三、金持ちは貧しい人を目の前にして、彼に愛を施す機会を持つ。結局のところ、モーゼの第五書で次のようにいわれる。「あなたの神、主が与えられる土地で、どこかの町に貧しい同胞が一人でもいるならば、その貧しい同胞に対して心をかたくなにせず、手を閉ざすことなく、彼に手を大きく開いて、必要とするものを十分に貸し与えなさい」（申命記一五・七とそれ以下、詩編八二・三あるいは五八・七参照）。そのような施し物のため、神は施しの付与者を祝福するだろう。結局、貧しい人に対する行いはその人に返ってくるのである。

(b)　新約聖書による貧困と富

福音書において

新約聖書でも、貧困の観念は本来の意味で、したがって社会経済的な意味で理解される。貧しい人は資産のない者と見なされる。

福音書の著者、マルコの場合、貧困は神の国に参加するための対価と理解され、それに対して、富は神の支配（basileia tou theou）への参加に対する危険のひとつを表す。それ故、富は特に批判的な評価を受ける。それに対して、貧しい人はまさにその希望を物質的な財に置かない。

福音書の著者、マタイの場合、貧困に関する話題を特徴づけるふたつの見方が見いだされる。ひとつは、イエスが心配した実際の社会的貧困にかかわる。イエス自身について、イエスは狐や空の鳥よりも貧しい（マタイ八・二〇）とさえ伝えられている。もちろんさらに、貧しい者にのみ宗教的重要性が認められるのではなく、貧困と富というふたつの観点が終末論的兆しのもとにあるという意味で、貧困ないし富についての考察の仕方が広げられる。それ故、（物質的に）貧しい人々ではなく、「神の前で」貧しい人々（マタイ五・三）、悲しむ人々、虐げられた人々がこの上なく褒め称えられる。彼らは宗教的な知識に富んでなく、また宗教的功績に富んでいないので、あるいはむしろ、富んでいないにもかかわらず、救いは彼らに与えられる。福音の知らせは彼らに向けられている。

福音書の著者、ルカは、金持ちに対して物質的に貧しい人々を至福にあずかる者としてたたえる（ルカ六・二〇と二四）。もちろんルカは、富よりもむしろ富んでいること（そしてそれによって人物としての金持ち）を問題にしている。金持ちは——貧しい人とは違って——彼の命を守ることができると信じている。しかし福音書の著者、ルカにとっては、人間自身が手に入れることのできるものによって生きることができると信じていると、人生を間違えるということを意味する（ルカ一二・一五と一九と二一）。富はキリストのまねびを妨げる。このルカの強調は、掟の遂行によって生命への道を見いだしたと信じる義認と相いれない。ルカにとっては、貧しさと豊かさの問題性に関しては、社会経済的構成要素以上のことが問題なのである。富は、人間が神との関係を整える妨げとなる。ルカ福音書によれば、イエスが貧しい人々の世話をするとき、彼は神から離れた人々の方に、したがって罪人の方に向いているのであって、単純に、（物質的に）貧しいという理由で貧しい人々の方に向いているのではない。

福音書には、貧困は、金持ちが貧しい人々を哀れむことができるかぎり、金持ちにとってひとつの好機でもあるという旧約聖書の観点も見いだせる。金持ちは貧しい人々に対して、神が世界に対して一般に示す愛を比喩的に示す。所有物の売却と分配の要求は、貧しい人々に対してそのような哀れみを示す機会を指し示している。なぜなら、キリストが彼らのなかに見いだされるからである（マタイ二五・三五とそれ以下）。

最後に、福音書にはもうひとつの観点が指摘される。つまり、貧困は無力にかかわっている。しばしば、金持ちだけではなく、権力の持ち主、支配者も貧しい人と対峙している。しかし、キリスト教徒には、支配者は仕える者、僕《しもべ》であり、そうして権力を有していないことが、期待されている（マタイ二〇・二五とそれ以下、ルカ二二・二五とそれ以下）。キリスト教徒であることは他人に対して支配力を行使することや権力をふるうことと相いれない。「なぜなら、あなたがたの中でいちばん上になりたい者は、すべての人の僕《しもべ》になりなさい」（マルコ一〇・四四）。

使徒パウロの神学における貧しい人

使徒パウロの神学には、貧しい人に対する彼の態度に関して、二つの観点が考慮に入れられるべきである。

(a)　使徒は貧しい人々と結びついていると見ていた。エルサレムの同胞に対する彼の募金はエルサレムの聖なる者たちの状況に対する彼の責任を指し示している（ガラテヤの信徒への手紙　二・一〇、ローマの信徒への手紙　一五・二六）。しかし、この募金には確かに、福音の贈り物に対する感謝の念から芽生えた、キリスト教共同体の連帯と愛の表現以外には何も見いだされない[4]。それ故、使徒パウロの時代には、同胞の多くの物質的に貧しい人々がイエス・キリストの言うことを熱心に聴いていた。コリントの聖餐式の問題もそのことを示している。もちろん、貧しい人々のほかに、イエス・キリストを信奉する中間層の人々や金持ちもいたであろう。このこともコリントの同胞の困った状態についての暗示から読みとれる。間違いなく、社会的な階層の末端に奴隷が存在しており、キリスト教徒はしばしば彼らと同一視された[5]。福音書のみならず、使徒パウロにあっても、奴隷の身分と義務が強調される。彼は「おのおの召されたときの身分にとどまっていなさい」（コリントの信徒への手紙一　七・二〇）と書いている。それ故、彼の努力は貧しい人々あるいは低い階層に属する人々をそこから解放することへと向かっていない。そのため、彼はフィレモンへの手紙で、逃げ出した奴隷、オネシモをその主人のもとに送り返す。もちろん、パウロは費用の賠償をしようとする。

(b)　使徒パウロはコリントの信徒への手紙二（八・九）とフィリピの信徒への手紙（二・七）で貧困の神学的説明を与える。その説明は貧しさと豊かさの比喩的な意味付与から出発し、貧しいことの説明のためにへりくだるという観念の助けを借りる。受肉のみならず十字架も、貧困とへりくだりで言い換えられる。キリストが人間となることと十字架での死はキリストの貧困を表している。その目標は、人間を豊かにすること、それゆえ人間を救い出す世界の救済に役立つことである。キリストの貧困の最も鋭い先鋭化、そしてそれとともに最も深いへりくだりは、十字架の恥辱である。人間となることそして十字架での死のへりくだりは、神がイエス・キリストを高く上げることによって答えられる。そこには貧しさと豊かさの新しい関係が表現されている。なぜなら、豊かであったキリストが「あなたがたのために貧しくなられた。それはその貧しさによって、あなたがたが豊かになるためだったのです」（コリントの信徒への手紙二　八・九）。この終末論的な富は世間の人々にとっては貧困と愚かさである（コリントの信徒への手紙一　一・二二）。しかしキリスト教徒にとっては、それはまったき富を表す。即ち、価値の転換である。

初期キリスト教共同体における所有

金持ちの若者の物語（マルコ一〇・一七とそれ以下）は所有物の自発的な放棄と貧しい人々への分配を示している。この物語はさらに、エルサレム原始共同体の財産共同体のための根拠を提供している（使徒言行録　二・四二とそれ以下、四・三二とそれ以下）。新たに獲得された神との関係で、キリスト教徒はこの世界の財に対しても新たな自由を経験する。「私たちは貧しいようで、多くの人を富ませ、無一物のようで、すべてのものを所有しています」（コリントの信徒への手紙二　六・一〇）。信者は慈善活動に活発に参加し、財に拘束されない財の所有者になる。自発的に、経済的に必要な物を他者に自由に使わせる。他者のためのこの放棄が、自発的な貧困と強制された貧困という、後の教会の歴史のなかで行われる区別の基礎を形成する。

最初の世紀のキリスト教徒にあっては、所有物（富）が改心の前に獲得されたのかそれとも後に獲得されたのかあるいは贈り物にされねばならないかどうかが、区別される。さらに考慮されるのは、私有の権利は私有物が使用されることにも依存しているということである。なるほど、所有権は認められるのだが、それは同胞の必要を考慮して制限される。出発点は、金持ちが永遠の救いに達しうるかどうか、ないしはどのような金持ちが達しうるかという議論だった。

2　中世と宗教改革における貧困

中世はふたつの形式の貧困によって特徴づけられる。非自発的な、運命によって定められた貧困と自発的な、理想とされた貧困である。修道院では二つの形式の貧困が互いに出会う。なぜなら、「貧しいキリストからパンを得るために、貧しい人々が修道院の門に殺到する」[6]からである。コリントの信徒への手紙二とフィリピの信徒への手紙で貧困と解されたキリストの放棄は、自発的に引き受けられ実現しようとされる貧困に対して、明らかに「手本」となった。不十分な生活条件の結果である非自発的な貧困は――一部はおそらく労働拒否やあるいは怠惰によっても引き起こされた――、際立った喜捨制度や基金制度並びにおびただしい物乞いにつながった。

(a)　貧困についてのルターの神学的解釈

貧困についてのルターの見解はその宗教改革的・神学的基本見解につながれている。そのため、キリストの最初のへりくだりというパウロの伝承に従って語ることが必要である。なぜなら、福音書は人間になるというキリストの貧困によって特徴づけられるからである。福音書の真理があるところでは貧困が支配的である。キリストが貧しいことは彼が人間であることのしるしである。そこで「啓示された」、全キリスト教徒の富は、ルターの十字架の神学（theologia crucis）[7]の基礎となっている。そのため、ルターはクリスマスの歌でも、キリスト誕生の貧しさを詳細に述べることができる。例えばクリスマスの歌（EKG 15）で次のように述べる。「彼はわれらを哀れみ天で富ましその愛する天使にするために、貧しくなって、地上にやって来た、主よ哀れみたまえ」（V.6）。まさにその歌で、ルターはさらなる神学的な観点、宗教的な意味での貧困と貧しい人々に言及する。それで彼は次のように歌うことができる。「彼はその愛し子に言った。『さあ、今が哀れまれる時だ。私のこころの価値ある王冠を運べ。救いは貧しい人のものである。彼を困窮という罪から助け、彼に代わってつらい死を手にし、汝と共に生命へとつれて行け。』」（EKG 239.5）。それ故、キリスト教徒は伝承に従って宗教的な意味で貧しさについて語る。なぜなら、人間はその現実存在において「貧しい」肉と血（EKG 15.2）によって特徴づけられるからである。

結局、ルターは自発的な貧困とそれと結びついた修道士の生活という理想を、その弁明理論に基づいてふさわしく低く評価したということが示される。なぜなら、貧困によって神の恩寵をあがなうことは誰もできないし、そのことによって「神に対して好ましく」することはできないからである。修道士の貧困は天国をあがなうことができる功績ではない。自分の経験から修道士というものを知っていたルターにとって、自発的に選ばれた貧困には自己救済の原理と行いの正しさの原理が認められた。そのため、教団で実践されたような貧困への努力は、ルター神学では厳密な拒絶を受けた。

(b) 物質的な貧困と所有についてのルターの解釈

物質的な貧困についての基礎はルターにとって多義的である。彼は外的財の贈り物は神からの贈り物であるということについて語ることができる。しかしそれとともに同時に「自明なあるいは恣意的な所有権もしくは処分権」は所有者ないし持ち主に認められない[8]。人間はこの贈り物を与えた者に、責任を持ち続けている。財産ないし富の乱用は規律と秩序に対する侮辱を意味し、それとともに結局、最初の掟に対する違反を意味する。ルターはその労働観と職業観に関連して、人間は怠惰ということに気をつけなければならないと指摘する。なぜなら、労働は世俗的なそして宗教的な職業として委任されているからである[9]。真の職業従事、それはルターによれば正しい神への奉仕である。もちろん仕事ができない者、例えば、寡婦、孤児、病人、そして老人は、ルターによれば、キリスト教徒の世話を考慮に入れることができる。なぜなら、キリストの愛は、自分の責任で物質的な危機や生存の窮地に陥ったのではない者に向けられているからである。このような場合、貧しい人々に対する喜捨による付与は自明である。貧しい人々は、物乞いする必要がないように、援助を受けるべきである。

(c)　カルヴィンとツヴィングリの態度

キリスト教徒の共同生活にとって、ずっと以前から、教区での貧しい人々と金持ちとの関係が問題であった。カルヴィンは貧しい人と金持ちとの違いを取り除こうとしなかった。彼にとっては貧しい人々の世話が問題だった。彼は金持ちたちに、彼は共同体を世話すべきだがそれは「あなたの貧しい人」もともにだ、と言わせる。彼は教区に貧しい人々の世話は使命だと告げる。その際、貧困は与えられたものとして受け取られる。しかし、それは宗教的に新たに評価される。なぜなら、金持ちは貧しい人を必要とするからである。反対に、貧しい人が金持ちを必要とするように。そして、そのつど他者を必要とし他者に役立ちうるのは金持ちである。

さらに、貧しい人と金持ちの関係はカルヴィン主義において特別な役割を果たした。マックス・ウェーバーはその有名な論文『プロテスタンティズムの倫理と資本主義の精神』で、カルヴィン主義は（善と悪に対する）二重の予定説で資本主義の成立を力強く促進したという命題を述べた。ウェーバーは、予定説がこの世界の永遠の救いに対する召命の確証を得ようと努力させたという意見だった。それゆえ、改革派のキリスト教徒は勤勉に働きつましく生活し、その結果、予定説の確証として資産家で金持ちになった。さらに、この世俗内禁欲は利益の蓄積やそれとともに工業化や商業の拡張につながった。

もちろん、資本主義の成立の際のそのような支援が世俗化したカルヴィン主義ないし清教主義の陰口の種となる。この場合、実際には禁欲と消費の断念によって金持ちになった。それに対して、カルヴィン主義では、貧困は、もたらされない祝福あるいは人間にまったく拒否された祝福の結果、乃至しるしでは決してない。

フルドリッヒ・ツヴィングリは物質的なそして道徳的な荒廃から人々を救おうとする。彼にとっては理想的・人道主義的改革ではなく現実的改革が問題である。そのため、労働の必要性も強調する。それは怠惰を阻止する。労働によって生活に最も必要な財が生産される。農民、牧人、そして手工業者は労働に関して特に強調される。しかし同時に、貧しい人々は世話を必要としているということが市民に理解させられる。そのため、チューリッヒでは、ツヴィングリのもとで貧しい人々の世話は国家の仕事となる。しかしながら、神の言葉を伝える説教、秘蹟の運営、そして教会法規のほかに、教会には今でも最も重要な使命のひとつとして貧しい人々の世話がある。財産と所有物は他の宗教改革者と同じくツヴィングリには世襲の対象としてのみ見られている。所有者は管理人である。「汝は汝のこの世の財産を汝のために持つべきではない。汝は今、その管理者である」。

使徒の規範から読みとれる指示や戒めがカルヴィンやツヴィングリの改革派教会にとって方向を示していた。

3　現代神学における所有と貧困の問題

(a)　プ、ロ、テ、ス、タ、ン、ト、の、社、会、倫、理、に、お、け、る、貧、困

貧困と取り組んだ少数の神学者のひとりであるヘルムート・ティーリッケはその『神学的倫理学』(10)

で、近代的な観念にあっては貧困はもはや個人の貧困が中心になるのではなく、貧困は社会構造の結果と見なされるということを指摘した。ティーリッケによれば[11]、近代では、マルクス主義が特にこの社会構造に注意を向け、「貧困の個人主義的見方を画期的な仕方で乗り越えた」[12]。全教会一致運動の公表でも貧困は社会の問題と見なされる。「世界教会評議会の教会の発展業務のための委員会」（CCPD）は「貧しい人々と連帯する教会のための」文書で、統計はぎりぎりの生存状態で生きざるをえない数百万の人の苦しみと死の光景を、まれにしか伝えないということを明らかにした[13]。

(b)　全教会一致運動の神学における貧困の取り扱い

教会や全教会一致運動も不可避的に引き入れられる、工業諸国と発展途上国の衝突に基づいて、貧困とその克服に関する問題が新たに生じた。アムステルダムで一九四八年、プロテスタント的・社会倫理的態度の主導観念として「責任ある社会」の構想が展開された。責任ある社会は、公正さと公共の秩序に対して責任があると自認している人間の自由が、そこで保証されるということによって特徴づけられる。そしてそこでは「政治的権力あるいは経済的力を有している者はその行使に際して、神、そして幸福が神に依存している人間に対して責任がある……。経済的な公正さそして才能を発揮する機会の公平な処置が、社会のすべての構成員に保証されているということが必要である」[14]。この認識に基づいて、特に工業諸国の教会は、急激な社会的変化によって生じた、発展途上国の諸問題を引き受けた。一九六六年のジュネーブにおける教会と社会の世界会議、そして一九六八年のウプサーラの世界教会会議以来、工業諸国と発展途上国のあいだの、創造すべき公平さそして均等化という観点のもとでの、世界の貧困についての議論は、今日でも止むことがない。一九八三年、バンクーバーでも世界教会一致運動はこの問題をそれ相応の仕方で、新たに引き受けた。[15]

「国際的な標準での社会的公平さの要求は、今日の世界の南北格差という形での発展諸国と発展途上国の明白な相違を指し示している」と、一九六三年からのドイツ福音教会(EKD)の、教会の発展業務に関する報告書で述べられている。[16] この報告書によれば、平和と公平さを押し広げる努力が全世界に広まっている。それと同時に、ウプサーラで論じられたことが人々に受け入れられている。つまりそこでは、貧しい人々の権利を広く受け入れることそして特に国々の経済的公平さが問題にされた。発展途上国と工業諸国との社会的な矛盾は克服されるべきである。自己責任とパートナーシップに基づいて、人々は第三世界の貧困を克服しようとしている。ドイツ福音教会は、「キリスト教の責任に基づいて構造的変化への要求と無力な人たちの政治的経済的参加への要求を避ける」(第二四項)ことはできない。そのため、発展途上国では、貧困の克服のための自発的な救援活動だけが問題なのではない。同時に、公平な所得配分と機会の平等が全世界で実現されるべきである。このことが意味しているのは貧困の原因と結果の克服である。とりわけ不公平な世界経済秩序が世界的な貧困の原因と見なされる。この秩序が工業諸国に比べて第三世界の国々に不利益を与えた。それ故、「統一された原料政策」[17]をともなう新たな世界経済秩序が要求される。教会の声明で次の二つの観点が特に注意を促される。

一、誰かが工業諸国で貧しいとされるか発展途上国で貧しいとされるかは、同じではない。貧困はすべての国で同じなのではない。そのため、「産業諸国で貧しい人々がいても、その人々は発展途上国の貧しい人々よりもはるかに良い状態である[18]」と言われる。

二、貧困の観念はもちろんさらに別の意味で広げられる。なぜなら、多くの教会の専門委員会では、貧しいことは能力のない存在と解釈されるからである。つまり、「食べ物、住まい、健康、教育、仕事、そして社会参加のような人間の基本的な要求を満たすことができない。この意味では、貧困は抑圧と同じである[19]」。

(c)　所有と財産

（所有にではなく）財産にあずかることは、ドイツでプロテスタントの（そしてまたカトリックの）教会によって、労働者の手の中にある生産手段に関する財産の問題として、第二次世界大戦後すぐに取り上げられた。ドイツ福音教会は一九六二年に、財産形成とより広範囲にわたる財産分散ないし分配という問題に対するその社会部会で、「社会的責任における財産形成」という報告書で、立場を明らかにした[20]。人間は「地上の財を自由に使用する」（第四項）権利があるという言明で、財産（資産）が単なる所有からはっきりと区別される。財産は、人間が「責任と自由のうちに共に生きる」（第四項）のを助ける神からの贈り物と理解される。なるほど、人間が神の子として招聘されている自由は、財産があってもなくても同じように有効であるが（第三項）、それにもかかわらず財産は人間であることにとって重要である（第四項）。そのため期待されるのは、「財産を獲得する実際の可能性が各人に開かれていることである。人間は自由であるために、『わたしのものだ』と言うことができるべきである」（第四項）。もちろん隣人との関係にかかわる、さらなる観点が付け加えられる。なぜなら、考え抜かれた報告書には次のように書かれているからである。つまり、「人間は自由であり続けるために、『あなたのものだ』と言うことができなければならない」（第五項）。この思想は結果として、人間は当然、その財産ないし所有に対して彼に認められた権利の行使を放棄することもできねばならないということを伴う。こうして、キリスト教徒は「取得の自由と放棄の自由とのあいだの」（第六項）緊張のなかで生きていく。

(d)「新しい貧困」

工業諸国では失業あるいは／そして社会的制限によって引き起こされた「新しい貧困」の問題が語られる。資産を持たない者そしてとりわけもはや収入予定者ではない者は、必然的に社会ないし国家の支援で生活しなければならないし、生活の仕方を本当にかなり制限しなければならない。失業者や年金予定者に対する労働従事者のこの経済的な区別に関しては、西側工業諸国のひどく増大した失業のゆえに、社会の分裂、つまり「働いている者と職のない者」[21]との分裂という事態になる。失業の問題については、ドイツ福音教会は、一九八二年の、「労働従事者と失業者の連帯した社会」という題の報告書で、詳細に意見を述べた。社会的な行為の制限によって引き起こされた問題もいたるところで「新しい貧困」と呼ばれている。しかし、世界的な標準でこれらの制限が実際に貧困を表しているかどうかが問われているのであるから、「新しい貧困」という表現は依然として議論の余地がある。

三・二　資　料

「貧しい人々と連帯した教会のために」（世界教会評議会）

世界教会評議会（ÖRK）の教会の発展業務のための委員会（CCPD）。この文書は一九八〇年八月の大会でÖRK中央委員会に提出されている。

第一項　教会の世界教会一致運動評議会の第五回大会（一九七五年十一月二十日から十二月十日、ナイロビ）は、発展と公平さについての第二部「公平さと奉仕」という統一プログラムの公聴会の報告で、次のことを書き留めた。「発展過程は解放過程と理解されるべきであり、その目標は公平さ、自立、そして経済成長である。その本質からして、人民の戦いの積極的な闘士であり直接的な受益者は、貧しい人々と抑圧された人々であり、そうでなければならない。ÖRKの教会は、貧しい人々や抑圧された人々が公平さや自立を求める戦いを支援するという役割をそのように考えた」。これに基づいて、CCPD委員会はナイロビ大会直後に、「教会と教区民がその神学的な展望、生活様式そして組織上の構造という点で、貧しい人々や抑圧された人々の戦いとの連帯を言葉に表す手助けをすること」が世界教会一致運動の発展業務の主要目標であると決断した。

第二項　そのような決断はまず第一に、教会が貧しい社会層とより緊密に接触すべきであるということを意味する。なるほど、貧しい人々は多くの場合、教会の生活に関与している。しかし彼らのもとでは、彼らとその関心は教会施設によっては本当のところ代弁されないという意見が支配的である。多くの教会やキリスト教の団体は、教会と貧しい人々との関係がここ数百年のあいだ良好な状態とはかけ離れていたと、今日、ますます強く意識している。この溝を埋める試みによって、教会は、「貧しい人々のための教会」であることは十分ではなく、神の御心は「教会が貧しい人々と共に」歩むことをわれわれに求めているということを、——実際の行動で——学んだ。

……

貧しい人々の運命

第五項　ある人がインドで貧しいのかヨーロッパで貧しいのか、ブラジルでかアメリカ合衆国でか、エチオピアでかカナダでか、カリブでかオーストラリアでかは、同じではない。即ち、貧困は地球のすべての国で同じなのではない。発展した国々で貧しい人々がいても、その人々は発展途上国の貧しい人々よりもはるかによい状態である。こういった陰影があるにもかかわらず、ひとつのことは確かである。つまり、貧しいということが意味しているのは、人間が食べ物、住まい、健康、教育、仕事、そして社会参加のような人間の基本的な要求を満たすことができないということである。この意味では、貧困は抑圧と同じである。聖書はこのことをさまざまな箇所で繰り返し証明している。

……

第七項　この状況は不面目であり、そしてとりわけ、たいていの場合、その克服のための科学的・技術的手段が手元にあるのだから絶対に当たり前ではない。……金持ちと貧しい者との不平等は、除去しなければならない不公平のひとつを知らせている。我々の社会の持つ者と「持たざる者」との広まりつつある溝は、国際的にそして世界的に取り除かれなければならない。

第八項　我々の世界の資源と経済発展は、社会的、経済的、政治的、そして文化的メカニズムの相互作用によってコントロールされる。そしてそのメカニズム自体は、社会のいくつかの数少ない集団によって、その私的な利益のために巧みに操作される。その結果が数百万の人間の貧困化である。利益と経済的利潤への激しい欲望は、技術的に優れた国々を駆り立てて、他の国々をその原料と文化的な豊かさもろともに軍事的に屈服させた。

……

第九項　その不可避的な結果が、食料不足や病気、不十分な健康管理、大量の文盲の存在、そして都市周辺での人口過剰のスラム街の増加である。このようなスラム街の地域の移住は典型的な、残念ながら新しくはない問題である。境遇の圧迫のもとでは、人間はくつろげる場所を断念し、よりよい生活を期待してわずかなこまごました家財道具をもって都市の方へ移動する。すさまじく増大するスラム街で、人間の悲惨さが貧しい国だけでなく豊かな国でもその姿を現す。これは、地球の住民の圧倒的多数をなす貧しい人々が引き受けている生活の質のほんの実例にすぎない。貧しい人々の苦難の道は構造的な暴力の結果であり、それはしばしば暴力的な反応を引き起こす。貧しい人々の運命は明らかに、すばらしい神の意志が否定されることを示している。神は周知のごとく人間を神の似姿として創造した、そのためその創造において人間の生活に中心的位置を与えようと考えた。しかし、我々が描いたように、人間がそのように非人間的な条件のもとで生きざるを得ないとしたら、それは神の計画が無視されていることに他ならない。

……

第十一項　貧困を引き起こし固定化する支配的なメカニズムは、新たな歴史的展開の随伴現象である。ほとんどのことは過去四、五百年に、特に西洋の植民地主義の時代に、しかしとりわけ産業革命のあいだに、現れた。完全に一律なシステムが世界中で人間すべてにそしてその相互の諸関係に押しつけられることによって、主導権が確保された。

……

第十二項　最初、このシステムは自由――すべての自由ではなく、取引と経済の自由――のしるしであった。自由のこの形式は、今日でもなお――そしておそらく以前よりももっと――支配構造を規定している。即ち、価格の自由、取引の自由、そして事業の自由。人間の自由への要求が、時代の趨勢として、まさにこの市場の自由に還元されたかのようである。自由市場が展開すればするほど、ますます市場の法則が自由の基準になった。自由の代わりに自由市場経済が出てきて、市場を調整する法則が結局、唯一の命令になった。

……

第十六項　どの領域が経済的に促進されるべきかは、経済的に力のある者が決定する。住民の最も貧しい人々に対する生産と奉仕活動は、なるほど真の必要に合致しているのであるが、利益がないので、それらはしばしば優先リストでは全く下にある。貧しい人々の経済的参加は、いくつかのわずかな基本的に重要な財の獲得に制限されたままである。この状態が長く続けば続くほど、貧しい人々のために収入の再分配が企てられないかぎり、ますます高収入と低収入のあいだの溝は広がる。

……

第十七項　このことは貧しい人々のますますひどい周辺化となる。社会的、経済的、政治的、そして文化的支配メカニズムは、貧しい人々が制度的不公平——国際的並びに国家的社会的地平で——の犠牲となる諸条件を生み出す。経済成長はなるほど存在するが、しかしその産物は不平等に分配される。貧しい人々の基本的必需品の充足は重要でないとして延期される。

……

第十八項　多数の貧しい住民のいる国々の独裁的な政権の増加はこのことを明白に示している。わずかな例外を除いて、抑圧的な政府は、生活条件を変えようとしている貧しい人々を監視しようと努めている。それらの政府は、貧しい人々が自分たちを犠牲にする勢力を攻撃することを、抑圧的手段で阻止している。

……

第十九項

キリストの教会は、神が救済と精神的復興によって創造される新しい人間性のしるしである。この意味で、教会の生活と活動は超越的要素を含んでいる。しかしながら、教会が昔から貧しい人々の住まいであったということが正しいとしても、教会施設の生活でも貧しい人々がしばしばわきに追いやられているということを、我々は認めなければならない。さらに、多くの教会の機構はそのつどの支配的な社会機構の写しであるということが、あるいは少なくとも社会的な区別を再生産し抑圧された集団を周辺に追いやるという傾向があるということが確認されうる。これらの機構のいくつかは、植民地支配によって支配下に置かれた国々に輸出された。これらの機構のいくつかは、一部は今日でも階級制的にそして独裁的に組織されている。他のものは身分の高い社会層にのみ開かれている。そこでは小市民的な世界観とともに社会的中間層の価値や倫理規範が表現される。教会制度の遂行委員会の大部分は、貧しい人々がその宗教的な展望の具体的な表現を求めて、教会の生活に積極的に参加し有意義な貢献をなすことに、結局のところ耐えられない。

そのため、今日の世界の恥ずべき貧困は、教会の生活と活動のあらゆるレベルで教会に挑戦している。それは教会に具体的な決定を求めている。教会は貧しい人々の悲惨さを自らの系列に受け入れうるということを、明らかに後悔しなければならない、そして教会は公平な、参加可能な、生き延びることのできる社会のための戦いにおいても、一歩も譲らずに貧しい人々の側に立たなければならない。

その際、教会は基礎にある価値と伝統を尊重し、進んで敬虔さを引き受けねばならない。教会の歴史を特徴づけ教会制度の展開を決定的に重要な仕方で促進した民衆の敬神、この敬神は改めて創造的要素になりうる。この意味で、教会は、とりわけ貧しい人を隣人にもつことが意味するしるしを定め示すことができる。まさに社会の最も貧しい成員とのこの連帯が、経済成長が前景に出ている発展計画や社会・経済的戦略にしばしば欠けている——社会がそのために支払わなければならない値段がどんなに高いかは重要ではない。

第二十項　イエス・キリストを信仰する者の共同体は、自分たちが神の民として巡礼の民であり常に途上にあることを経験する。それはそうでなければならない。休むことのない活動はひとつの意味、目標をもっている。即ち神の王国のしるしである人間同士の愛と世界の公平さである——既に歴史において存在する超越的現実。貧しい人々は祝福されている、なぜなら神の国は彼らのものだからである。不公平に戦いを告げる神の民のそれぞれのなお控えめな試みにあって、貧しい人々や悲惨な人々の叫びが、金持ちや権力者を震え上がらせる大暴風に膨れ上がる。貧しい人々の戦いは、彼らの側に身を置かねばならない教会に対するひとつの挑戦である。受け継がれた社会・経済的政治的態度範型の形においてではなく、新しい人間性のしるしを定めるための努力をすることによって、イエス・キリストの神は、パウロがガラテヤ人への手紙で「そこではもはや、ユダヤ人もギリシア人もなく、奴隷も自由な身分の者もなく、男も女もありません」（ガラテヤの信徒への手紙　三・二八）と書いたことを、完成させる。それは、我々がとりわけ貧しい人々に身をささげ、不公平さと貧困を取り除くための彼らの希望と戦いに身をささげることを前提する。

……

四　イスラム教

モニカ・トゥヴォルシュカ

四・〇　概　観

コーランでは神があらゆる所有物の創始者とみなされており、多寡にかかわらず、神が配慮して人間にその所有物を自由に使わせたのである。ただし富める者は、ただ単に神の受託者であり審判の日に弁明しなければならないのだから、所有物を貧しい者と分かち合うよう繰り返し要求される。富はコーランの多くの節で神そして真の信仰からそらす危険な物として描かれる。サダカ［自発的な喜捨］とザカート［義務としての喜捨］はしばしば社会的な義務として言及される。そのうちザカートは今日においても五つの基本的義務を構成するもの［五柱＝信仰告白、礼拝、喜捨、断食、巡礼］として特に重要である。ただしそれは初期の社会的な性格を失った。その結果、後に、受け取り手の貧困よりもむしろ喜捨する人の宗教上の救済が中心になった。

イスラム教初期には自ら進んで貧しい者となることは称賛されていない。しかし貧しい者であることは神秘主義（スーフィズム）では禁欲的修行と現世放棄の形としてウニオ・ミスティカ（神秘的合一）への最初の段階を表している。

所有物の正当な分配とそして利益を目指すという問題は、中世においても例えば神秘主義者と商人との論争という形で常に現実問題であったが、その問題は近代、西洋イデオロギーと対決し適切な経済思想や発展思想を探求するに際して新たな意義を得ている。これに関連してしばしばコーランの諸表象が議論され、それを社会国家計画の枠内で今日的な状況に適合させようという試みがなされている。

四・一　イスラム教における所有と貧困

1　メッカの社会的状況とムハンマドの生活

所有と貧困の問題はコーランでしばしば言及されている。これに関するひとつの重要な原因が、都市メッカとその周辺との社会的関係並びに預言者ムハンマドの伝記にみられる。アラビアのイスラム以前の社会では、部族の価値体系、とりわけ団結、名誉、客の厚遇、男の徳そして報復のような観念を強調した価値体系が、おもに倫理的な規範を規定していた。部族の長は貧者やハンディキャップのある者の面倒を見た。しかしそれは社会的な良心からというよりもむしろ、その配慮が自己の名誉と名声の増大に寄与するからであった(1)。部族のこの伝統的な団結は、都市では利益を目指す商人の考え方によって時おり妨げられ、社会的な弱者に不利益をもたらした。預言者の故郷、メッカの主導的部族はクライシュ族であった。クライシュ族はその富を一方では広範囲にわたる商取引から、もう一方では都市メッカの宗教的意義から得ていた。メッカには多くの部族から崇拝され毎年巡礼が行われるカアバ神殿があったからである。この期間には神の平和があった。つまり、部族間の反目が休止し商取引が栄えた。

カアバの管理者として聖地巡礼者との取引で栄えたクライシュ族は、その豊かさにもかかわらず利益を支族のすべてに規則的に分け与えたのではなかった。例えば、ムハンマドが属したクライシュ族の一支族、バヌー・ハーシムは非常に裕福であったが、のちのカリフ、ウマル（在位六三四—六四四年）は非常に貧しい一族の出であった(2)。

しかしムハンマドの境遇は、早くに孤児になり最初祖父のもとで後に伯父のもとで育てられたので、それほど幸せそうではなかった。やがてムハンマドは年長の商人の未亡人、ハディージャのもとで勤めた。ハディージャはムハンマドが特に信頼にたることが分かったので彼と結婚した。コーラン九三・五—一一はムハンマドのこの最初の人生経験を反映しているとみなされている。

「それに、主はきっといまに（たくさん恵みを）授けて、汝を喜ばせて下さろう。もともと孤児の汝を見つけ出して、やさしく庇って下さったお方ではないか。道に迷っている汝を見つけて、手を引いて下さったお方、赤貧の汝を見つけて、金持ちにして下さったお方ではないか。よいか、孤児は決して苛めてはならぬぞ。物乞いに決して邪険にしてはならぬぞ。神様のお恵みをいつも話題にせねばいかんぞ」。

しかし、メッカの社会の裕福な構成員に対するムハンマドの批判や貧しい住民の雇用は、そのような個人的な経験だけに原因が帰されるのではない。なぜなら、ムハンマドは伯父アブー・ターリブの保護のもとに完全に一族に統合されており貧苦に悩む必要はなかったからである。彼の結婚も預言者の側の打算によって説明されるものではない。なぜなら、イニシアティブはハディージャがとり、ムハンマドはおよそ一五歳年上のこの妻に深い愛情を常に示したからである。ムハンマドは社会的正義の問題に対し普通の人以上に敏感で、同郷人の利益志向を彼の宗教的使命に対する不信であり造反であると感じていた、ということから出発しなければならない。フベルト・グリンメがその著『モハメッド』(3)で描き、またイスラム社会主義の思想家幾人か(4)が描いた、預言者の社会改革者さらには社会主義者としての性格描写が誇張であったとしても、ムハンマドがその最初の啓示の段階でメッカの住民の浅薄で実利主義的な精神態度を弾劾し、孤児や貧しい者に対する住民の不当な態度を弾劾し、そして最後の審判に用心するよう強い調子で警告したというのは確かである。しかし、このイスラムの預言者は市場経済による商業社会、利益志向そして私有を疑問視したのではなく、ただその反社会的な結果を疑問視したのである(5)。

2　コーランにおける所有と貧困

初期メッカ時代のコーランの終末論的章句は、貧しい者の運命を気にかけない富める者の宿命についての印象深い描写を伝えている。

九二・五―一一「喜捨を好み、懼神のこころ敦く、いと美わしい（報酬）を固く信ずる者もある。そういう者には我らが安らぎの道をいと安易くしてやろうぞ。かと思えば、吝嗇で自己本位で、いと美わしい（報酬）を嘘だと言い張る者もある。そういう者には我らが苦難の道をいと安易くしてやろうぞ。山と積まれた財宝も、その破滅を喰い止めるには役立たぬ」。

八三・一―六「ええ呪われよ、ずるい奴、他人に量らせる時（自分が他人から量り買いする時）は量目ぎりぎりに取るくせに、己れが他人にはかるとなると、うってかわってけちけちする。己れがやがて（死後）喚び起されて、恐ろしい日（最後の審判）に曳き出されることを考えても見ないのか。もろ人万有の主の御前に立つ日（のことを憶わぬのか）」。

一〇七・一―七「これ、どう思う、お裁き（最後の審判）を嘘よばわりする者がある。ああいう者は、孤児と見れば邪慳に追い払い、貧者の養いにも気乗り薄。

ええ呪われよ、あの者どもは祈りはしても
祈りに一向みが入らず、
見てくれがしの体裁ばかり、
慈善行為はお断り」。

所有と貧困は、コーランでは個人的な功績または不名誉と理解されてはいない。なぜなら、その区別は神自身に責任があるからである。

四三・三一「この世での暮らしに必要なものを彼らに配給したのはこちらではないか。その上、人間のあいだにいくつもの等級をつけて、或る者が他の者を自由に使役できるようにしてやったのも我らの特別のはからいではないか」。

また、三〇・三六「彼ら、見たことないのか、アッラーは御心のまま誰にでも日々の糧を限りなく与え給うかと思えば、また引き緊め給う」(さらに五七・二三参照)。

この章句は、神が所有を割り当てるだけでなく、各人の暮らしぶりをすみずみまで配慮しているということを明らかにしている。それに対し、サタンは貧困で人間を脅すのである(二・二七一)。コーランの多くの章句は神が人間にすべての被造物を提供したという配慮をほめたたえる。例えば、一〇六・三以下。

「みな、この家(メッカの神殿カアバをさす)の主にお仕え申すがよい。もともと彼らに食を与えて飢から救って下さったお方。彼らの心を安らかにして怖れを除いて下さったお方」。多くの章句で神は富める者、人間は貧しい者と描かれている。

三六・一六「これ、皆のもの、お前がたはみなアッラーなしにはやっていけぬ。だが、アッラーの方は何一つ欠けたところのない立派なお方」(6)。この対比は後に、神秘主義、すなわちスーフィズムでは、人間の貧しさを評価する根拠とされた。コーランはまた、貧困を恐れて我が子を殺すことも禁じた。子殺しはイスラム以前のアラブでは地域によって普通のことだった。

自らすすんで貧しくなることは――後の神秘主義とは反対に――コーランではたたえられていない。総じて、裕福であることは救いにあずかることを一層困難にするという印象がある。なぜなら、所有[財産]はつかの間であり（一八・四四、二七・三六、五七・一九)、人間を不滅にしないし（一〇四・三)、この世の富の典型と見なされる財産も息子も最後の審判の日には役に立たないからである(二六・八八、五八・一八)。むしろ財産や息子は、富を増やそうとし、そうして神を忘れる誘惑なのである（三〇・二八、八九・二一、九〇・六)。それ故、二四・三六―三八で、商売損得のことで神を憶うことを怠ったり、礼拝や貧しい者への喜捨の務めを忘れたりすることのない者が褒め称えられる。富のみを当てにし正しい信仰を忘れるという危険が、その長さからいってコーランでは珍しい譬え話、章句一八・三二―四二で、詳細に述べられている。それは豊かな葡萄園主と貧しい男の譬え話である。

「さあ、みなに(不信者に)一つ譬え話をしてやるがよい。二人の男があった。中の一人には我ら(アッラー)二つの葡萄園を授け、そのまわりに棗椰子《なつめやし》を植えめぐらし、またその間には耕地を設けた。葡萄園は二つともよく果実を産み、いささかも欠けるところはなかった。

その上、我らは真中に川まで湧き出させてやった。だからその男は果実が（たくさん）取れた。（或る日）もう一人の男と話をしていた時、『わしは君より財産家だし、人間（家族）もずっと優勢だ』と言った。このような罪深いことを考えながら彼は自分の葡萄園に入って行く。そして言うよう、『これほどのものがなくなってしまうとは絶対に考えられぬ。時（終末の時）がやって来ようとは考えられぬ。また、かりに神様のもとに連れ戻されるとしても、きっと、かわりにこれよりもっといいものが見つかると思う』と。

話し相手をしていた方の人が言うことに、『君を土くれから創り出し、一滴の精液から創り出して、人間の形に仕上げて下さったお方にむかってそのような恩知らずの態度を取っていいのか。まあいい、わしだけは……そうだ、あのお方こそアッラー、わが主におわす。わしは自分の主に、ほかのもの（偶像）をならべたりしない。どうして、葡萄園に入った時、（すべては）アッラーの御心のまま。（本当の）力はただアッラーだけのものと言わなかったか。勿論君から見れば、わしなぞ財産にせよ子供にせよ君にかないっこない。しかし、もしかしたら神様は君の葡萄園よりももっといいものを授けて下さるかも知れない。そして（君の葡萄園には）天から雷を落として、あっという間につるるの荒野にしておしまいになるかも知れない。そうでなければ、突然そこ（を流れていた）水が地中に没して、いくら探しても影も形もない、ということになるかもしれない』と。

果たしてその果実はあますところなくやられてしまった。葡萄棚もろとも無慙にもくずれ落ちたのを前にして、それにつぎ込んだもの（金や労力）をおもい、男は両手をぎりぎり絞るばかり。

そして『ああ、こんなことなら神様にほかのもの（偶像）をならべたりするのではなかったに』と言えど、もうそうなってはアッラーよりほかに、助けてくれる者などありはせぬ。結局、救われはしなかった。

このような場合に、救い護って下さるのは真実（の御神）アッラーのみ。一番よい報酬を出して下さるのも、一番よい結果をつくって下さるのも、あのお方だけ」。

この譬え話の本当のテーマは、「富と貧困」だけではなく、とりわけ「信仰と不信仰」である。物質的な所有に関しては今のところ金持ちにかなわない貧者は、神の配慮を信じ地上の財のはかなさを信じているのである。金持ちは、神を唯一の真の主権者と認めなかったために、財産すべてを失う。

テオドール・ローマンによれば、この譬え話には神がよしとする貧しい者の態度がある。「なぜなら、金持ちはいつも、地上の財に執着するよう誘惑され、それが実際にはアッラーの好意であるにもかかわらず、その富を自分が創ったものと見なして自慢し、それが絶対的に価値があり永続的なものと思うのに対して、貧しい者は『無力』であるが故に、永続的な天上的な価値に開かれ、そうしてアッラーの意志と摂理を信頼するからである」(7)。

この譬え話は地上の財に対する正しい態度を教えるだろう。裕福な者は、彼が神の唯一無比性を承認し――従って多神教（「ほかのものをならべること」）を否認し――、神を人間が受託者として管理する財産すべての創始者と見なすなら、その財産を完全に享受してよいのである。それ故、コーランの多くの章句で、神が授けた財を使うようにと信者に促される。

二・二五五「汝ら、信徒の者、我らが汝らに授けてやった糧を（施しものとして）使うのだぞ。取引も、友情も、取りなしもない（最後の審判の）日がやって来る前に」[8]。

自己の財産を困っている者に分け与えるという義務を別にすれば、ムスリムは商取引を公正に行い取引相手を欺かないように促される（一七・三七、五五・八、八三・一以下）。利息を取ることは不正で罰当たりな行為として非難される（二・二七六、三・一二五、三〇・三八、七四・六）。借りた額を返済できない債務者には、その期限を延ばすか債務を免除してやらねばならない（二・二八〇）。ムハンマドとその連れは、自らの経済的宗教的生活基盤を脅かされると感じたメッカの人々の迫害に耐えられなくなってヤトリブ、後のメディーナに移住した。そこで預言者は古い部族の結束に代わる政治的宗教的共同体を創設した。かつての部族血族集団との決別は、まさに画期的で成功した第一歩だった。若い共同体には最初から一致団結と互いの責任という考えを実現する必要があった。コーランの重要な節で「信者はみな兄弟」（四九・一〇）と言っている。富める者はその財産の一部を貧しい者に与えなければならないという、既にメッカでなされた要求はいまや社会を維持する新しい意義を得た。

貧しい者や困っている者へのこの喜捨はコーランでしばしば言及される（ザカート）[9]。コーランの章句二・一七七がひとつの中心的な言明を言い表している。

「本当の宗教心とは汝らが（礼拝のとき）顔を東に向けたり西に向けたりすることではない。いや、いや、本当の宗教心とは、アッラーと最後の（審判の）日と諸天使と聖典と預言者たちとを信仰し、己が惜しみの財産を親類縁者や孤児や貧民、また旅路にある人や物乞いにわけ与え、奴隷を（購って）解放し、また礼拝のつとめをよく守り、こころよく喜捨を出す……ことである」。

この節は他の多くの節と同じように、ザカートがイスラム宗教にとって放棄できない本質的な構成要素に属し、しばしば礼拝や信仰告白との関連で言及されるということを明らかにしている（参照、二・一〇四、二七七）。

信者は施すことによってまた神の許しと報酬にあずかることができる。

五七・一七「男でも女でも、こころよく喜捨を出し、アッラーに気前よく貸付けしたものは、必ず二倍にして返して戴ける。充分に御褒美いただける」。

施すことと喜捨は信仰に基づいてなされるべきであって、人に見られるためではない（二・二六五、二七三）。

いくつかの節ではザカートは浄財、悔い改めた罪人の贖罪と見なされる。その際、これが動詞ザカー（＝浄化する）に由来していることは明らかである。

九・一〇四「彼らの財産の何分かを浄財として取り立て、それで彼らを浄化し、祓清してやるがよい。よく祈ってやるがよい。お前の祈禱は彼らのために安らぎとなろう。アッラーは耳敏く、すべてを知り給う」。

貧しい者への施しの重要さは、それが果たされなかった他の宗教的義務の代わりとして課されるということからも明らかである。例えば病気のため巡礼の儀式に参加できなかった者は施しをしなければならない。ここでは施しはサダカという術語が使用されるのであるが、それは後に喜捨（ザカート）

と区別されて自発的な施しという意味を得て、同じようにコーランの多くの節で言及される（例えば、四・一一四、九・八〇、五七・一七）。

3　社会システムの原則

メッカ後期とメディナ初期にはザカートは信者に勧められる敬虔な行いと見られていたが、全員の義務ではなかった。なぜならムハンマドの多くの信奉者は貧しかったからである。しかしメディナの若いムスリム共同体が支援を必要としたとき、施しは新しい意味をもった。それは救済システムに進展した。余分な所得のある者は、充分に持たない者に分け与えなければならなかった。財産の余剰は万人が自由に使えるようになった（二・二一七）。コーランで述べられたこの余剰は後にさらに解釈が加えられた、そしてあらゆる種類の財産に対して税として支払うべき最少額が定められた。

従って、まず第一に、平等と公正さが喜捨の本質的な原則となった。しかしこの考えは後の伝統のなかでひとつの変化を蒙る。すなわちその主な目標は、もはや第一に社会的な公平さではなく、個人の救済機会の改善である。「隣人への愛ではなくて地獄の恐怖が主要な動機である」[10]。

施しをする動機づけが変わったにもかかわらず、ザカートは五つの基本的義務（信仰告白、礼拝、断食そして巡礼）のひとつとして今日でも重要な意義を有している。ムハンマドの死後（六三二年）まず最初にベドウィンのいくつかの部族が、これからもザカートを支払うということを拒否した。ザカートが持続的な慣行になったのは、ひとえに第一代カリフ、アブー・バクルの思慮深さと断固たる態度のおかげである。彼はザカートを正規の税にし、それを当時のベドウィン社会の要求に応じて取り決めた。この最初の取り決めによって、ザカートはますます都市化する社会という後の展開に適合しなくなった。コーランはザカートの額を指示しなかった。後の法学者はそれを少なくとも年間の純収入の二・五パーセントとした。家畜の群、収穫収入、貴金属そして商品は課税されたが、輸送機関、家財道具、そして利益をうまない財産はザカートの対象にならない。既にコーランでザカートの受取人が定められていた（二・一七七、九・六〇）。喜捨は貧しい者や困っている者、税金を集める人、債務者、貧しい旅人、イスラムのために戦っている人、そしてイスラム教に転向したため経済的困難に陥った改宗者を援助するために、また奴隷の身受けのために使われることになっている。最初の世紀の注釈者たちはこれら受取人たちの正確な記述に尽力した。シャーフィイー法学派によれば、全く何も所有していないか家族が必要とするものの半分以下の稼ぎしかない者が「貧しい」といわれ、それに対し「困っている者」は必要経費の半分以上のお金を自由に使えるがそれでも家計の支出を充たすのに不可欠とされるものよりもはるかに稼ぎが少ない者である。敬虔な目的のために負債を背負い込んだ者がとりわけ「債務者」と見なされた。巡礼もしくは宗教的な動機で旅をし困窮した人がおもに「旅人」と考えられた。「奴隷の身受け」についてはこの法学者たちは、ザカートの一部が身受け契約が結ばれた奴隷に分け与えられねばならないと解釈した。

初期ベドウィン社会で方向づけられた喜捨は後の政府の収入を充分に保証しなかったので、コーランでは正当化されていない税がさらに徴収された。そして、ザカートを余分に支払うという信者の覚悟は他の税負担の上昇に置き換わった。しかし「五柱」のひとつである喜捨は特別な意義が認められていたので、批判者は宗教的な命令と社会的な政策とのこの矛盾を糾弾した。ザカートは、後の支配者によって堕落させられたのであるが[11]、初期メディナ共同体の社会的な公正さの象徴であった。統治者のある者は、宗教的な批判を防ぐために、むしろ彼らの利害に一致する別の税をザカートと名づけることによって、体裁を繕おうとした。そして喜捨は時の経過とともに正式な税としては背景に退いたが、信者の貧民税の義務は依然として残り続けた。多くの人々は国家的統制のない方が税の正しい使用をより保証するだろうとも考えた。今日、ザカートはとりわけ経済計画や社会国家構想の枠で議論されている。

ザカートとは別に敬虔な人々の寄付による財団（ワクフ）はイスラム社会組織の重要な制度である。コーランでは言及されていないこの財団は、後の法学者たちによって預言者の伝統に帰された。この財団によって特定の財産が公益目的に使われることになっている。それには二つの形がある。すなわち公益財団と家族財団である。後者は相続人の死後、公益目的に引き渡される。このような財団の意味はまず第一に神の御心にかなった行為にあるのであるが、その他にもさまざまな目的を持ち得る。つまり、宗教的目的、文化的目的、社会的目的、経済的目的、さらには軍事的目的である。それらの任務は、モスク、学校、僧院そして図書館などの改築や維持、また、困窮している学童、債務者、貧しい者、老人、病人、旅行者、そして囚われ人の解放などの支援、病院の設立、貧しい若い女性のための持参金、動物保護、さらには、潅漑設備、井戸、墓地、橋、灯台、そして商取引の建物などの建設、等である。今日では国家や共同体が引き受ける多くの仕事が、以前にはもっぱらワクフ-システムによって果たされていた。財団の規模はときの経過とともにさまざまな財産事情に応じて低下していった[12]。ウレはワクフ-システムについて次のように批判的に述べている。「機関を公益のワクフと家族ワクフに分割することによって対立が生じている。一方では社会的な活動の範囲で有益な効果が現れているが、他方ではしかし著しい道徳的経済的欠陥も生じている。例えばまず第一に……生産的な経済活動に携わる能力のあるかなりの数の人の労働力が奪われた。次に、拡張された財団、それは人々の強請や搾取によって生じたのであるが、その財団のための資金がまずもって集められなければならなかった。さらに、経済的に破綻したワクフの結果の独特な局面である『死せる手』にある土地の莫大な蓄積が、国民経済に対する途方もない損害をもたらした。それで偉大な国民経済の価値が粗雑な運営のもとに落ちぶれ、働かない年金生活者の数が上昇した[13]」。今日では敬虔な人々の寄付による財団の多くは、独自の省の下に従属し、社会システムのなかで今もなお重要な役割を果たしている。

4　中世の経済生活のいくつかの局面[14]

中世のイスラム世界も一般に商取引に積極的に従事しており、それを名誉ある利益の多い仕事と見なしていた。例えば、信頼に値する誠実な商人は復活の日に殉教者の列にいるという見解がそれを代表していた。コーランと並んで預言者の慣行（スンナ）が経済活動に関する行動規範の引き合いに出された。許された商取引が数ある中でいくつかのものは除外された。例えば水がそうである。水は公共消費の対象と見なされたからである。さらに不浄とみなされたもの（豚、犬、猫、そして動物の死体）やワインのような禁じられた商品の販売は禁止された。また食料品を乏しい時期に高く売るために蓄えておくことは禁止されていると見なされた。さらに値切ることや物価の騰貴、高値をつけることは許されなかった。コーランに定められているリバー（高利、利子）の禁止は実際にはしばしば法律上のごまかしで取り扱われた。ごまかしは喜捨によって贖われることになっていた。

農業用地を報酬で賃貸しすること（ムハーバラ）は預言者の伝承で禁じられていた。所有者は土地を自分で耕作するか他者に無料で耕作に委ねねばならなかった。しかしこの禁止は既に預言者の存命中に遵守されなかった。のちに、土地を収穫高割当てで賃貸しすることが広く習慣化され、経済秩序の確固たる要素になった。統治者と土地所有者は所有地を領地として与え、経済的な窮地を取り除きそして自分の利益をあげるために、授けた土地の報酬として農産物を用いた。そのため、これは一種の封建制度といいうる。

5　禁欲と自発的な貧困

自発的貧困の思想と禁欲は初期イスラム教にはむしろ無縁である。修道士生活はコーランではキリスト教の「発明」（五七・二七）と見なされている。しかし預言者の伝承ではさまざまな見解が問題になっている。それは、ムハンマドに帰される言明のいくつかが彼自身に由来するのではなくて、他の関心や評価からなる社会的状況から生じているということによって、部分的に制限される。真のハディース（伝承）の傾向は、コーランの掟と同じように、過度に貧困な生活も過度に裕福な生活も好ましくないということである。しかし、この世での所有への努力は、そのために神が忘れられることなく慈善行為が行われる限り、許される。

しかし、時の経過とともに貧困の評価は変化した。預言者は過度の禁欲を否認したが、神秘家の自発的な貧困の思想はかなり評価された。コーランでおもに物質的に理解され金持ちの寄付によって軽減されねばならなかった「貧困」（ファクル）は、幾人かの神秘家によっていまやむしろ精神的貧困と理解された。彼らは自らを貧しいと感じ、神の目から見て救済に値するとして自発的に世捨ての生活を課した。イスラム神秘主義（アラビア語のスーフ＝羊毛、禁欲的修行者の羊毛の着衣に由来するスーフィズム）は、キリスト教的、新プラトン主義的、そしてインド的影響から生まれているが、しかしとりわけコーランの不断の瞑想そして預言者の伝承から生まれている。初めはしばしば禁欲的世捨てが生じた[15]。この社会から退くことは部分的には不当な社会的諸事情に対する抗議の結果から生じた。長くつづく血なまぐさい内乱、いくつかの政治的宗派の狂信、一段と進む道徳的退廃、そしてイスラム暦最初の世紀の地域によって続く軍事的専制政治は、神政国家の理想にあまりにも矛盾していたので、信者の幾人かは全くの嫌悪感からこの世から顔を背けますます彼岸を思った。世捨てと財産の無所有は同時に神との一致という目標にとって正しい道（タリーカ）のための努力の最初の段階を形成した[16]。

この世の富と物質的な欲求はこの道への障害と考えられた。スーフィーはすべての地上的所有を放棄するのだから、彼は完全に神を信頼しなければならない。この神への信頼（タワックル）は今日でもイスラム神秘主義にとって重要な役割を果たしている。

初期スーフィズムには富を優先させるのか貧困を優先させるのかという論争があった。富は神の特性に属すという理由から、ある人々は富の優位を支持したが、多くの者は貧困が自足と一対になっているとして貧困に優先権を与えた。事実、イスラム神秘家が西洋で知られる主な名称は「貧しい」を意味する言葉、ファキール、デルウィーシュである。しかし貧困は最終目標ではない。ムハンマド・イブン・ハフィフ（九八二年死亡）は的確に次のような区別をした。「スーフィーは神が自ら愛に基づいて選んだ者であり、ファキールは神に近づこうとして貧困のうちに気高くなる者である」[17]。ムハンマドはスーフィーの伝統のなかで典型的な神秘家となった。彼の昇天は人間の霊魂が神へ上昇する象徴となった。しかしとりわけ、彼の禁欲的な意識を強調する伝承「貧しさは私の誇り」「富める者よりも私の民の貧しき者が楽園五百年王国に足を踏み入れるであろう」[18]が引用された。

6　現代における所有と貧困

より貧しい共同体構成員に対する社会的な責任と雇用は初期イスラム社会の本質的特徴であり、イスラム法は経済的社会的問題に徹底的に取り組んでいたが、イスラムの歴史には不当な所有関係、搾取、圧制そして腐敗などの数多くの実例がある。ここではなし得ないが、詳細な分析はそのつどときところを異にする状況が正確に考慮されねばならないだろう。今日のムスリムは一般に、歴史上の不当な所有関係を非宗教的要因のせいにし、社会的な公平さをイスラムと密接に結びついた要求と見なすという傾向がある。

ここでは、神秘家集団の実践的世捨て、貧困の精神化と理想化、そしてときおり誇張された神への信頼が、広範な人々が不当な所有関係を変えようと企てないことに寄与したということを批判的に述べておこう。多くのムスリムは、専制的な支配者が形だけでもイスラム宗教に結ばれていると自認している限り、彼を退位させるのを正当だと感じないということがこれに加わった。他方で富の公平な分配というコーランの掟は多くのムスリムに常に意識されてきた。それがたとえ実現されなかったとしても、それでも社会的に動機づけられた運動の実例もある。例えば、バスラでの塩の採掘のためにさし向けられた黒人奴隷の反乱がこれに当たる。反乱は一五年間南イラクからアッバース朝の中央権力の支配を奪った。また、シーア派から出たカルマト派の社会的救世主運動がある。これはおよそ百年間、即ち一〇七五年まで、公正の原則と財産共有の思想に基づく独自の国家を今日のバーレーンに打ち立てた。これに関連してカルマト派の共産主義が語られる。もちろんその際、ここでは極めて質素な経済的生活条件の小さな同質社会が問題になっているということが考慮されねばならない。[19]

十九世紀以来、所有と貧困についての新しい議論がイスラム世界に始まった、と一般に言われる。それは部分的には社会国家、社会主義、資本主義というヨーロッパ思想との対決によって、また第三世界の実際の発展問題によって引き起こされた。[20] その際、例えば、社会主義のイスラム独自の形態を展開させるという試みがなされた。ライスナーはこのつながりを三つの局面に区分した。社会問題の認知とイスラム計画のばらばらな指摘の時期である第一次世界大戦前。「イスラムと社会主義」の取り組みの開始と独自の経済体系・社会体系の最初の努力の時期である世界大戦の間。イスラム経済体系の仕上げと独自の社会主義を建設しようとするイスラム世界のいくつかの国の具体的な取り組みの時期である第二次世界大戦後。社会主義（イシュティラーキーヤ）についてのアラビアの概念は既に十九世紀の近東、特にエジプトで広まっていた。イシュティラーキーヤを道徳的に基礎づけられた、貧しい者を富の所有に参与させることと把握したジャマール・アッディーン・アフガーニー（一八三九―一八九七年）は、指導者仲間であるアブー・ダール・ギファーリーに教示した。ギファーリーは後のウンマのカリフ、ムアーウィヤに支配階級の贅沢の制限を要求し、今日の思想家の幾人かにもイスラム社会主義の先駆者と見なされている。

一連の論説でエジプトの新しい資本家階級の経済行動や社会行動と取り組んだアフガーニーの弟子、ムハンマド・アブドゥフ（一八四九―一九〇五年）もまた、政府を不当な課税のみならずとりわけ過度の贅沢で告発した。国家のこの浪費癖は、体制側の人間がそれをそもそも取るに足らない節度で認める限り、彼らを誘惑して軽率な金銭支出へと誘った。ムハンマド・アブドゥフは倹約を人間の偉大な徳のひとつと呼んだ。その際、彼は過度の吝嗇ではなく、収入に見合ったしかし万一の危機をも考慮した思慮ある生き方を考えていた。彼は広く行き渡った「のらくらと一日を過ごす生き方」を国民の悲惨な境遇の主要原因と見ていた。

この弊害の廃止のためには、金持ちが時代は変わったのだと認識することが必要であると言う。アブドゥフは西洋との接触で善も悪も生じているが、今は外国の影響を振り払い独自の道を見いだす時だと信じた。ひどい貧困を軽減するためには、一方で金持ちが資金を自由に使えなければならないが、他方でしかしまた理性的な改革案で手助けしなければならないと言う。政府の義務は市民にもっと権利と義務を認めること、しかしとりわけ行政に参加させることだと言う。

一九二九年にシリア人、ムフシン・バラージーはフランス語で書かれた作品『イスラム教と社会主義』を出版した。ここで初めてイスラムと社会主義の関係が論じられた。バラージー(21)は、他の思想家と同じようにアブドゥフに従って、両者は共同体の社会的幸福を問題にするが根本においては両立しないという見解を述べる。

個々の点では概念的な相違があるにもかかわらず、イスラム社会主義については次のことが確認される。即ち、イスラム社会主義はしばしば資本主義と共産主義の「第三の道」と理解されるということ。それは物質主義的というよりむしろ宗教的な立場に立ち、国際的というよりむしろ国家的な立場に立つということ。そして、それは階級社会をではなくて場合によってはありうる階級間の矛盾を正そうとする、従って財産の強制没収を考慮していない。なぜなら、人には自らの労働によって得られる財産と搾取によって得られる財産という二つの形態があるからである、ということである。

二〇年代以降のイスラム社会体系の中心観念はタアーウン（協力、共同組合）である。その際、とりわけ全体の幸福のために社会の成員全員での共同作業が考えられる。エジプト人、ヤフヤー・アッダルディーリーはシャルル・フーリエとフリードリッヒ・ヴィルヘルム・ライファイゼンの思想と対決して協同組合設立の提案をした。一九二八年にハサン・アルバンナーによって創設されたムスリム同胞団も協同組合のように運営される独自の企業を持った。ムスリム同胞団はまた自らの社会主義のイスラム的性格を強調した。なぜなら、バース党の非イスラム社会主義運動がますます影響を及ぼし、そして変種ではあるがナセルの社会主義が遅まきながらやっとイスラムにとって正当であることを証明しようと努めたからである。同胞団がイスラム的性格を強調する際、同胞団のシリア派指導者、ムスタファ・シバーイー[22]の著作に立ち返って論じた。

ムスタファ・シバーイー（一九一〇年死亡）は宗教的社会主義構想の中心にタカーフル、即ち相互責任の観念を置いた。彼は『イスラムの社会主義』という著作でおよそ三〇のタカーフル原則を列挙した。例えば、隣人愛の義務、政治的寛容、そして他者と知識を分かち合うという義務である。そこにはまた、道徳的、宗教的、文化的、社会的領域での責任の要求が含まれている。例えば、原則のひとつは、窃盗の場合、犯人の親族が支払えないなら国庫がその損失を補償するように要求する。その原則には、客人をもてなせという命令、他者と財産を分かち合うという義務、そしてザカート税が加わる。シバーイーは貧困の観念を物質的財産の単なる欠乏よりも広く解す。貧困は彼にとって次のような生まれつきの権利を奪うことである。

即ち、生存と健康維持の権利。

政治的、宗教的、社会的、道徳的自由の権利。

養育と教育の権利。

所有の権利。

七〇年代に社会主義論争は、再イスラム化の流れの中でむしろ保守的な声がイニシアティブをとったということからも、しだいに現実性を失った。最近の重要な著作はムハンマド・アルムバラクの『イスラムの秩序：経済』(一九七二年)である。経済的な行為は原則的にすべての領域で宗教的原理に基づくべきである。イスラムは社会主義と違って階級の幸福ではなく全社会の幸福を擁護する。「貧しい」と「裕福な」の公正な調整は真剣に求められる。なぜなら、貧しい者は富める者の財産に対する権利を有しているからである。

このことに関連して、喜捨そして経済構想の枠内における暴利行為や独占化の禁止のようなイスラムの明確な根本原則も新しい意義を得る。例えばパキスタンでは、一九七九年にザカートが再び正式な税として導入された。

イスラム経済の理論家の幾人かはコーランのリバー(高利)の禁止をムハンマドの時代の実施方法にのみ関連する規定と見ているが、他の者には今日の銀行業務の利子も宗教に反していると受け取られている。一九七九年のイスラム憲法はそのことについて次のように言っている。

「経済と財政

四三条：イスラム共和国イランの経済は次の規則で作られている。

……

2、完全雇用を目標にしてすべての者の労働条件と機会を保全すること、そして労働手段を持たない就労能力のある者全員に無利子貸付ないしその他の容認可能な手段による協同組合の形態で労働手段を用意すること、そのために特定の集団や個人の手に資本が集中したり循環したりしないこと、また国が途方もない雇用主にされないこと。……

5、他者に損害を与えることの禁止、独占の禁止、貯蓄の禁止、高利の禁止、そして他の無効な（イスラム教によって）禁じられた業務の禁止」。

イスラムはザカートの義務、利子の禁止、そして敬虔な人々による財団の設立にもかかわらず、統一した経済体系、社会体系を持たない、また他のイデオロギーとの対決や独自の発展上の課題から生じる独自モデルはしばしば理論にすぎず、実際の社会的実施方法とは矛盾している、と批評家に論評される。実際には、イスラムの経済秩序はしばしば、およそ機会均等を達成することができずに、イスラムの倫理的な原理を取り入れることで社会的なひどい矛盾を和らげようとする資本主義的市場経済である。資本主義と共産主義はその物質主義の故に好んで公然と非難される。しかしその際、たいていの資本主義諸国には社会的な安全ネットが張られていて、多くのイスラム諸国はそれにはるかに及ばないということが言及されない。他方、いくつかの国の石油資源の豊かさは多くの住民により高い社会的安全を提供するためにも利用された（サウジアラビア、湾岸諸国、リビア）。将来の重要な課題のひとつは、イスラムの社会的特色について歴史から単に例を挙げたり、また前産業社会に成立した規範を当面の問題克服のために無批判に提出したりしないことである。その代わり、イスラムに現に存在する社会的公正の原理を今日の社会の必要に実際に関連づけて適用し、その際とりわけ特定の階級の特権を考慮せずに社会的不公正を緩和することが広く試みられねばならないだろう[23]。

四・二　資　料

1　パキスタンにおける最近のザカート解釈

政府はザカートとサダカ及び他の寄付による収入を神の意図する福祉目的のために編成する。徴収された金額は規程に応じて次の目的のために使用される。

1、老人、就労不能な者、そして困窮している者等の財政支援。
2、孤児と貧者の子供の教育と経費。
3、失業者が仕事を見つけるまでの支援。
4、わずかな財政援助で独立しうるような人への援助。
5、受けるに値し必要としている者への無利子貸付。
6、貧者の医学的治療。
7、旅行中に必要とする旅行者への援助。
8、モスクの状態や現存の宗教施設や学校の改善のため。
9、知識の習得のために努力している者の奨学金。[24]

2 「政治的‐宗教的なイスラムの原則説明」の例に即してのイスラム社会システムの諸相

四・二・一　自然の原料はすべてアッラーによって委ねられた財であり、人間は個人的にそして集団的にこの原料の番人である。人間の経済的活動とその報酬はこの事態の本質から生じる。

四・二・一　富は活動によってそして合法的な仕方で獲得されねばならない。富は保護されるべきであるが、ただアッラーとその預言者の指示どおりに配置されるべきである。

四・二・二　富は公平に分けられるべきである。個人の富がその所有者の正当な欲求を満たすなら、余剰は他の人間の欲求を充たすために使われるべきである。

四・二・四　人間が一般にそしてウンマが特に自由に使える物質的財はすべて常に最良の仕方で使用されねばならない。財を蓄えたり使わないままにしておく権利、あるいは浪費する権利、あるいはまた軽々しい仕方で見せびらかす権利を、個人であれ、共同体であれ、国家であれ、誰も持たない。

四・二・五　成長は経済的活動の本質的な要素である。成長に関与することはムスリムすべてに義務づけられている。ムスリムは勤勉に働き個人的に必要とする以上に生産するよう常に努めねばならない。なぜなら、その時にのみザカートの義務、他者の幸福に寄与すること、が果たせるからである。

四・二・六　労働者はすべてその仕事に対して正当な賃金を要求する権利がある。人種、膚の色、宗教、もしくは性による差別はしてはならない。

四・二・七　富の獲得と財の生産は当然シャリーアの規定に従っていなければならない。利子を目的にした金貸し、賭事、蓄財等は生計の資として許されていない。

四・二・八　平等と同胞愛の原則は、良いときも悪いときも、現存する富の公平な分配を要求する。ザカート、サダカ、アフウ（純益）そして遺産は、富と財産を社会において釣り合いのとれた形で分配することにとって考慮に値する方法のいくつかである。

四・二・九　持続的なもしくは一時的な障害のために自分自身の安寧に気を配ることのできない者は、社会に対して富を正当に要求する権利を持っている。社会は彼らに責任を有しており、食べ物、衣服、住まい、教育、そして健康の配慮のような生活にとって基本的な必要が、年齢や性別や膚の色や宗教を顧慮することなく充分にまかなえるよう配慮しなければならない。

四・二・一〇　ウンマの経済力は、ウンマ内部の協力と分担が最大の自信と自助に結びつくように編成されるべきである。(25)

［訳者注］

コーランの引用に関しては、基本的に井筒俊彦『コーラン』（岩波文庫）を使用させて戴いた。

五　仏教

ヘヨ・E・ハーマー／花田伸久

五・〇　概観

仏教はゴータマ（遊行の苦行者）・シャカムニ（シャカ族の出家者）（紀元前六〇〇年頃）に遡り、変化に富んだ長い歴史をもつ。インドではゴータマ・ブッダ（覚者）の継承者は一切の所有から離れ貧困のうちに僧侶として生活することを説いた。中国ではブッダのメッセージは、所有［財産］もブッダの役に立つあるいはさらにブッダですらある、といわれる（「木はブッダであり、ブッダは木である」。趙州を参照。そこで人は僧侶に尋ねる、ブッダとは何か――庭のかしの木）。日本の新宗教では、あの世の幸福がこの世の幸福として説かれ、所有もその幸福に役立つ。さらに仏教に方向づけられた政党があり、この政党は「あの世の幸福」をこの地上で実現しようとする。所有と貧困の関係のこのような変遷は、今日、仏教には非常に異なった見解が見いだされるということを示している。この理由から、小乗仏教と大乗仏教とを区別し、その際後者をさらに阿弥陀・仏教と禅仏教とに区分することが適切である。この流れは「伝統的仏教」として、仏教的伝統から二十世紀に起こったいわゆる「新宗教」のひとつと対比される。

五・一　仏教における所有と貧困

1　小乗仏教と大乗仏教における「所有」と「貧困」

歴史上のゴータマ・シャカムニの生活を見るとき、それは意識的に所有から身を離していたということが注目される。シャカムニは一族、宮廷、家族をあとに残して、彼の時代そして文化圏の伝統のなかで貧しい苦行者として救いを求めた。シャカムニは明らかに裕福であったので、彼がその苦行を一族に要求しても、そのことで家族が苦しむことはなかった。E・ベンツによれば、そのような仏教的な苦行は、対比される豊かさと貧しさのある調和的な均衡を前提する。「ただ僧院におり救済の瞑想に身をささげ、その間生産活動に従事することなく乞食《こつじき》で生活する一部の男たちに日々の托鉢の米を与えることが許されるには、その国が裕福でなければならない。そこで、ビルマの水晶宮の記録では、救いを探求する者に施しを与えられる状態が国で保たれているということに対して、明らかに国の支配者が責任を負わせられる」（E・ベンツ　一九六三年　一一五頁）。

ゴータマ・シャカムニの人生を左右する重大な体験のひとつは、ある裕福な男が苦しんでいるのを見たということだった。この男はその財産［所有］にもかかわらず、高齢で病気、苦痛、そして死に耐えなければならなかった。ゴータマはそのことに強く心をうごかされた。ゴータマは苦しみから解放される道を探し求めた。

彼の宗教的開悟体験は彼にこの解放をもたらした。開悟は苦しみからの解放を、そして同時にこの世の所有（ダーナ）と無所有（アダーナ）の心配からの解放を、また富と貧困（ダリドリヤ）の心配からの解放を彼にもたらした。ゴータマは弟子たちに八つの道［八正道］を歩むことを説いた。その道は同時に「中道」と呼ばれ、欲望にすっかり没頭することから離れるのと同じく無益な苦行からも離れる。この道の段階は次のようになる。

正見［正しい見解］、正思［正しい思惟］、正語［正しい言葉］、正業［正しい行い］、正命［正しい生活］、正精進［正しい努力］、正念［正しい心の落着き］、正定［正しい精神統一］。

この道は第六十六番目の経で言われるような所有からの分離に導く。その経では結局のところ、裕福な男が仏教の僧侶を目の前にして、「わたしは髪とひげを剃って黄色い衣を着、家を出て流浪の旅をしたい」（G・グリム　発行年の記載なし　三一三頁）という願いに気づくのである。

けれどもほんのわずかな人だけがこの放棄の決心を実行できるのである。この人たちは、ヒーナヤーナ（小乗）の伝統のなかで生きるとき、貧困の原則に従い、ほぼ何も所有物を持たないのである。仏教の僧侶に許されたのは「僧衣、施し物用の鉢、針、数珠、二週間ごとに頭を剃るためのかみそり、飲料水から小動物を取り除くための濾過器である。もともと僧侶の衣服は、村人がくずの山から拾い集め縫い合わせて、サフランで一様に色を染めたぼろ切れから作られた。後に布地はたいていは僧衣のために信者から寄付された」（E・コンツェ　一九五三年　五〇頁）。お金の所有は長い間禁止された。僧侶が必要なものは、もっぱら乞食で手に入れねばならなかった。乞食の長所は、それが信頼できる自制心の流派を表すことにある。このとき僧侶は、ごくわずかの必要を充たしながら故郷のない生活を送り、自負を抑え、この世の所有に対し冷淡に振る舞うことを学ぶ。彼は自由に肯定された貧困の恵みを知ることを学ぶ。

反対に施しをする人も乞食によって仏教の最高の徳のひとつである寛大さを学ぶ。彼が所有と家族にしっかりしがみついている者のひとりであるとしても、僧侶はその存在によって彼に、人間社会は僧侶によって存在理由を知るのだということを極めて印象深く示すのである。ビルマとセイロンでの発展が結局のところ示しているのは、仏教が社会に影響を与えたところでは、仏教はなるほど静粛主義的な経済構造をもった特定の社会形態へと導くのであるが、しかし仏教はそれ自身決して特定の平和な王国、階級のない社会、もしくは一種の地上の楽園を説いたのではなかったということである（E・ベンツ　一九六三年　一一六頁）。むしろゴータマ・ブッダの弟子たちへの最後の注意「条件づけられたものはすべて移りゆく。自ら救いを成就しなさい」（E・コンツェ　一九六二年　一三頁）が示しているように、個々人の救いを問題にしているのである。

自ら救いを成就しなさいとは、私はしかじかのものだとかあれを所有しているというような肥大した妄想のひとつひとつの年輪を取り去るということを意味している。そのような虚構の「我」の信念が克服されるとすぐに、妄想された個人は消え去る。個々人は自らの解放を経験する。「救い」であるこの状態を問題にしているのだから、仏教的な思索と理論にとって「財産」、「所有」そして「富」の観念は疑わしい。それらはゴータマ・ブッダが置き去りにした妄想された個人の世界に属す。

八正道は既にインドで、G・メンシング（一九五五年　二四五頁）が示しているように、所有と無所有、富と貧困の中道という拡張された解釈を得ていた。この解釈は、マハーヤーナ（大乗）として中国と日本で受容されるとき、知られていた。もはや所有［財産］は、僧侶としての熱心な信者が手放さなければならない対象としてではなく、人間としての信者が自覚的に使用する対象として捉えられる。それ故、大乗仏教では貧困は新たに解釈され、無所有というよりむしろ所有の欠乏と理解される。「長者窮子」という仏教の有名なたとえ話が我々にこの新しい解釈の側面への注意を促す。このたとえ話は法華経の第三章［信解品第四の偈］で描かれ（W・コーラー　一九六二年　一五五―一五六頁）、次のように簡潔に述べられる。ひとりの若い男が成人した後、生家を去り遠い国へ行く。彼はそこで非常な貧困のうちに絶えず食物と衣服を求めて生きる。他方、彼の父はその間、町でますます豊かに暮らす。彼には多くの部下がおり、途方もない財産があって足りないものが何もない。放浪する息子が貧しい日雇いとしてたまたまその町への道をとり、父の新しい家にたどり着くということによって、父と息子が出会う。息子は富める父が立派なのを見て、富を恐れて逃げる。しかし、近づく死を前にして既に財産維持の心配をしていた父は、息子を見分ける。父は息子を自分のもとに来させようとする。父は息子の後を追い、やっと得ることができ、新しい名前を与えて彼を「息子」と呼ぶ。父が病気になったとき、息子に言う。「私は金銀を有り余るほど持っている。お前にこれらの物の管理を学んでもらいたい。お前はわたしの望みにはいと答えなければならない」。息子は父の望みに従い、父はこの気持ちの変化を喜んだ。息子は父の財産管理を学び、いつか自分が所有者になることを予期することなく、その職務に真価を発揮した。父は死が近づくのを感じたとき、使用人と市民を呼び集め、息子を指して明言した。「これはわたしの実の息子で、わたしは実の父だ。だからわたしの富のすべては全部息子のものだ。息子は管理することを良く心得てもいる」。

息子は父の言葉を聞くと、非常に喜んで言った。「偶然に努力することもなくこれらの宝物すべてがひとりでにわたしの所有物になった」。

かつては所有と裕福から逃れた息子は、所有との新しい関係を、それとともにこの世での生活の新しい関係を手に入れた。彼は所有[財産]を管理し維持し役立てることを学んだ。同時に彼は、他の人間と付き合うことや自分を引っ込めるのではなく社会的に自分を主張することを学ばねばならなかった。この物語の題材の中に、所有との新たな関係を取り結んだ仏教の社会歴史的に新しい展開が表れている。その関係は宗教的生の新たな形態を可能にする助けとなる。僧侶的な苦行者（小乗）と並んで今や世俗的な信者（大乗）が現れ得る。もともとエリートの宗教であった仏教が今や大衆の宗教になり得る。

2　阿弥陀・仏教と禅仏教

大乗の伝統では所有は課題と理解される。人間は、あなたは何のためにあなたの所有［財産］を使用するのかという問いの前に立っている。ここでは、人間は所有に執着すべきではなくそれを正しく配置することが問題でなければならないと考えられる。中国と日本の大乗仏教の目標は主観と客観を統一するために両者の対立を止揚することである。

次の格言で仏教的に理解された万物の一性が表現される。

「草、木、大地、すべてがブッダである」（草木、国土、悉皆成仏）（W・グンデルト　一九四三年　六四頁参照）。

統一の状態は、成仏（ブッダとなること）といわれるのであるが、その状態にあっては、所有と貧困が同じように相対化され、それらがもはや世俗的に理解されるのではなく精神的に解される。このことは阿弥陀・仏教において、いまや救い主と理解されるブッダの本願への揺るぎない信仰の助けで生じる。ブッダとなることにとって決定的なのは「絶対他力」（サンスクリット語でダナパラミタ）である。それは異端を歎く書である歎異抄（一九六五年　四九―五〇頁）で親鸞の精神として次のように解されている。

「いかに仏に寄付し僧に布施しても、信心がなければ詮のないことである。たとえ一枚の紙、一文の銭を寄付しなくても、他力に心をうち込み、信心ふかきことこそ本願にかなうものである。すべて仏法にことよせて、世間の欲心を満たすために、同朋を言いおどすこと、まことに歎かしいことである」［『歎異抄』岩波文庫　金子大栄校訂　七一頁参照］。

親鸞によれば、「浄土」往生には唯一の道があり、それは「念仏」をもうすこと（南無阿弥陀仏、すなわち阿弥陀仏に帰依すること）で救われるということである（『歎異抄』一九六五年　一二三頁）。この最も単純で同時に最も精神的な人生の道を通して信者は浄土の楽園に達する。そこではこの世の宝石は現れない。ここで成仏というのは、口に「念仏」を唱えて阿弥陀仏信仰に終末論的に生き、自己の功績も寄与もなくすべてを阿弥陀仏に頼ることである。歎異抄で表現されているように、ここにはお金、財産そして所有が宗教的要求に影を落としている。

これらのものが正しい関係においてはそしてそれとともに「自然との合致」(1)においては阿弥陀仏の計り知れない恩に必要とされないとしても、歎異抄の信仰経験の地平ではこれらのものは世間の欲心の表現であり、こころが「仏教外の世界」(2)に結びついていることのしるしである。

これに関してG・メンシングは正当にも、宗教改革のキリスト教との類似を指摘する（一九五五年　三四一頁）。K・バルト（一九四八年　三七二頁）もこの類似に注意を促した。宗教改革の認識によれば、信仰は表面的な行いではなくひとつの態度である。それ故、宗教改革のキリスト教は阿弥陀・仏教と同じく全生命の救いを知る。日本のある絵画について、その絵には仏陀の恩寵の光が描かれ、その光は僧、鍛冶屋、そして大工を照らしている、と報告されている。その絵の下には次の言葉がある。

「仏陀が好まれるのは僧や尼僧だけではない、鍛冶屋や大工も生命にいたる」（G・メンシング　一九五五年　三四一頁）。

この絵はあらゆる身分や職業の仏教的同等性を表現しているだけでなく、同時に仏教倫理はつねに普遍的性格をおび、僧侶存在とか特定の人生の一時期に制限されてはならないということを示している。

小乗仏教では、放浪のうちにどんな所有も気にせずに生きる苦行者の積極的な業績として、自発的な貧困が重きをなしているのに対して、大乗仏教では、阿弥陀仏の慈悲への庇護が第一である。これは信者に所有との「自然な」交わり（持たないことよりも持つこと）を可能にするあの宗教改革の信仰の確かさ（セルティトゥドォ・フィデイ）を与える。所有との交わりにおいて信仰が確証される。仏陀の恩寵の光はすべてのものにそそぎ、そしてその光は仏陀に自らを開く者にそそぐ。その者に真実の仏陀の存在の仕方が無私の能動的な慈悲というかたちで伝えられる。

それとともに我々は同じもののもうひとつのもの、即ち「他力」よりも「自力」を強調する禅仏教に到る。十一世紀のひとつの例物語が極めて明瞭に示しているのは、所有と貧困が相対化され一種の相対的感情を自らのうちに生じさせることが本来問題であるということである。その物語は次の文面である（D・T・鈴木　一九五八年九月八日）。

「あるとき押し込み強盗の息子は、父親が老齢になって、まもなくもう仕事をすることができなくなるが、その時には自分の他に一体誰が家族に糧を持ってくるのだろうと考えているのを知った。それで自分が父の業を学ばねばならないと思い、父親にそのことを話し、父親は同意した。ある夜、父はある金持ちの家に息子を連れて行き、壁を破って家に押し入り、大きな長持ちのひとつを開けて、息子に中へ入らせ衣服を持ち出させようとした。息子が中に入るとすぐに、蓋がばたんと閉められ錠が取り付けられた。父はすぐに中庭にでて、戸を大きくとんとん叩き家中の者を起こし、それから壁の穴を通ってこっそり逃げ出した。家中の者はたいそう興奮し、蠟燭をともして泥棒を探したが、強盗は既にすばやく逃げたと分かった。息子はその間鍵のかかった長持ちに潜んで、父親が自分にどんなにひどいことをしたか考えた。息子はそのことを思い付くまで、彼は全く絶望していた。彼はネズミがかじるような物音をたてた。突然素晴らしいことを思い付くまで、彼は全く絶望していた。彼はネズミがかじるような物音をたてた。家の人々は女中に蠟燭を取ってこさせて長持ちを調べさせた。女中が蓋を開けると、捕らわれていた者はそそくさと飛び出し、光を吹き消し、女中をわきへ突き飛ばして逃げ去った。人々は彼を追いかけた。彼は道ばたに井戸を見つけたので、重い石を拾い上げ水の中に投げ込んだ。追跡者たちはみんな井戸のまわりに集まって強盗を中から出そうとした。みな強盗が暗闇で溺死したと思った。しかしその間に強盗は父の家に無事に戻った。彼は父をたいそう非難してかろうじて難を逃れたと言った。父親は言った。悪く思うなよ、息子よ。どうやったか聞かせてくれ。息子が父に冒険談を全部語ったとき、父は言った。ついにその時が来た。お前は俺の業を学んだのだよ」。

この物語の題材は仏教の社会的基本型を非常にわかりやすく示している。つまり、「金持ちの家」と強盗の貧しい家が対になっており、貧困は所有することを目指して耐え抜かれるということである。

他の面に目を向けると、日本の子供が学校で学ぶこの物語は、快と不快、善と悪のように、所有と貧困が切り離しがたく対になっているという示唆を含んでいる。両者のその違いは一枚の貨幣の両側のように等価値である。

精神統一の業である禅の方法と目標についてここで語られるべきではないが、この物語は我々の観点からすればさらに広がりのある重要な示唆を含んでいる。息子は苦境に陥って直観的に正しい認識を獲得し、その認識が彼のすべてを決める。彼の認識と行為は統一的に「生じる」。禅の伝統にいる仏教徒にとっては、ふたつのもの、即ち、主観と客観、個人と世界は、実際の貨幣がその両面の抽象的なユークリッド的表面の「あいだ」にあるように、ふたつのものの「あいだ」にある具体的な現実の、抽象的観念もしくは抽象的な境界である（A・ワッツ　一九六七年　一五三頁）。あらゆる「分離できない対象」の現実の姿もこれに全くよく似ている。それには富と貧困、獲得と喪失も属している。現実は本来それらの「あいだ」にあり、それらの「あいだ」にふさわしい直観的で倫理的な行為を要求する。こうして現実はふたつのもの、所有と貧困の全体的なつながりを可能にする。

結局、この例物語が我々に教えるのは、禅仏教では世俗の仕事の内的価値が見られ大切にされるということである。H・ドゥムリンが既にそのことを指摘し、禅の巨匠、鈴木正三を引用している。「お前はお前の仕事を通して仏性に到達すべきである。仏道の修練でないような仕事はひとつもない」（一九七〇年　一四一頁）。ここには明らかに仏教的に理解されたすべてのものの一性が告げられており、S・鈴木によって人間の多様な職業的活動が「一なる仏のはたらき」であると解されている。この考えから職に「ついている［所有している］」者すべてに、職業を通して人生を深めるという可能性だけでなく、職業的活動の成果としての豊かさと所有を積極的に評価するという可能性も導かれる。

3　今日の仏教の「所有」と「貧困」についての理解

二十世紀の仏教は一方では、既に示した古い伝統が今もなお生き続けている。それが今日どのように生かされているかは当面の二つの報告（五・二　資料）が示している。宗教に強い影響をもたらした産業時代の社会的条件の変遷によって、仏教にも新しい状況が生じた。フィスケ（H・ドゥムリン　一九七〇年　八四頁）はインドの新しい仏教運動を指摘している。それは一九五六年に死去した「インド憲法の父」B・R・アンベードカルの指導の下、主にいわゆるカースト下の不可触階級ないしは被抑圧階級から構成されており、共和国政党への関係を通して政治的に要求を実現していこうとしている。フィスケの見解によれば、この運動はいわば「今日のインド仏教の最も重要な局面」であり、社会・政治的改革運動の性格をもって登場してきている。B・R・アンベードカルにとってブッダは社会革命家であって、彼の基本原理は自由、平等、友愛である。この新仏教運動の目標は一方では経済的問題である貧困の克服である。その上貧困は社会的に社会のあらゆるものからの排除と理解される。そして排除されているという深い感情がそれに対応している。この運動は、目に見えない形で互いに関係している組織体の多数からなっているのであるが、宗教的、教育的、経済的、政治的活動を通じて、数世紀にわたって抑圧されてきた者たちに新しい希望と人間としての尊厳を保証し、その社会的孤立状態を克服し、そしてまた経済的上昇を可能にしようとしている。

同じような成り行きを我々は日本で目にすることができる。そこでは成長する産業化とともにいわゆる新しい民衆宗教が特にはやっている。「日本の現代宗教の信奉者たちは通常、物質的、精神的に飢えた人々である」（W・コーラー　一九六二年　九頁）。そこで日本の現代宗教はインドの新仏教に比較できる。我々は日本の新しい民衆宗教のひとつであると同時に現代の国民的な仏教の例として創価学会（価値創造のための研究団体）をあげ、そこで所有と貧困が新しい解釈を得ていることを示したい。我々はインドではなく日本に専念する。なぜなら、我々の問題提起は日本の文脈のなかに、本質的により重要でより詳細な文献上の表現を見いだしたからである（J・W・ホワイト　一九七〇年　三五五―三六九頁）。

H・ドゥムリン（一九七〇年　一四一頁）は日本の近代の仏教には三つの「基本的に新しい方向」があると確認した。それは、人道的な理想像、批判的で合理的な精神、そして現世と現世の課題に目を向けることである。仏教の偉大な改革者、日蓮（一二二二―一二八二年）を証人として引き合いにだす創価学会は、小乗仏教並びに［法華経以前の］大乗仏教に対して明確に違いを見せる（R・イタリアンダー　一九七三年　二九〇頁）。

「小乗仏教と方便的な大乗仏教では開悟への唯一の道は一切の現世的な欲望をなくすことにかかっている。しかし、生きている限り、誰もこの欲望から逃れられない。けれども、あらゆる哲学の最後にして最も崇高な目標である、日蓮大聖人の真の仏教は、この世で不幸を幸福に変える道を明らかにする」。

貧困はこの世の不幸に属し、それに対して所有は幸福に属す。創価学会の考えでは、貧困は個々人が変えることのできる状態であると理解されている。その状態が、生活必需品を確保するために必要な手段がないということであれ、家庭的な「家族の温かさ」がなく孤独で見捨てられたと感じているということであれ、高齢による寄辺なさに悩まされているということであれ、病気であるとか失業者として職場から締め出されて生きているということであれ、変えることができると考えられている。「この最高の宗教によって、人は貧困から逃れることができ、勤勉に働くことで生活は裕福になる。家に不満をもつ者は家庭を満足のいくものに幸福にすることができる。病人は完全に回復し再び仕事に専念するようになる」（G・ハーシュ、K・田中　一九八二年　九四頁）。

個々人は創価学会のメンバーとして、（不本意な貧困である）不幸を（現世の豊かさである）幸福に変えることを学ぶ。昔の仏教的伝統で重視されている自発的な貧困は、乞食と同様、現代に合わないように見える。所有と豊かさが問われている。創価学会はこの要求をどのように考慮するのだろうか。

創価学会の「価値論」によれば、「人間の求める価値のすべてが実際に得られたとき、生命は幸福」となる（W・コーラー　一九六二年　二一五頁）。それ故、幸福は主体の問題である。真の意味での価値は幸福をただ現実の所有として持つことである。創価学会の初代会長は、個人的に経験され習得された幸福としてのこの所有を彼の価値論の中で「利益」と呼ぶ。いまや仏教の関係思想［創価学会以外の仏教思想］がこの利益思想に対峙している。なぜなら、幸福の価値は、すべてのものが依存している、主体と客体との関係の中で表現されるからである（W・コーラー　一九六二年　二一五頁）。この関係思想に対して、創価学会は一切の人間と事物との相互関係を強調する法華経を引き合いに出す。法華経は調和の不可思議な生命の法則（妙法）と説かれ現世的に解される。善悪の相関性の理論は、全体との関係の中で有益なものが善であるという。この社会学的な評価から創価学会の相関性の倫理が理解される。全体の幸せが決定的な判定基準である。J・W・ホワイト（一九七九年　三六頁）はこの二つの評価に直面して、創価学会の理論には全体を通して一連の「二重の前提」が認められ、「何かをほとんどすべての人にささげる」と断言する。仏教運動が幸福の理想的状態を実現するために実践的方法をはっきりと告げるということが、当然、注目される。最も広い意味での今日の産業社会の貧者にとって、ここで告げられた相関性の道徳に専念するということは、解放を意味しなければならないということではないか。各人に経済的な利益が自分のものだと認められるにしても、相関性の倫理は人を解放するように作用しなければならないのではないか。「胡散臭い禁欲や合法的な貧困の理想は無である。否、幸福とはまさに豊かさである。他方で、この倫理は利己的な自由主義を無と考えた。まさに明らかにされることは、すべての行為が最終的な幸せと人々の幸せに向けられねばならないということだからである。こうして個々人は、経済的にあるいは経歴的に成功しようとするときに抱く後ろめたさから解放される。個々人は、仕事や職業で成功を収めよ、地位を勝ち取れ、それは善である、ためらうことはない、と勇気づけられる」。

池田会長はインタビューで（一九七三年）理路整然と説明する。「わたしはむしろ、人間が幸福になる真の鍵はひとえに、生命がこの世の現実にしっかりと根づいているなら、その人の現在の生命の力にある、と認識した」（R・イタリアアンダー　一九七三年　二七三頁）。驚いたことに、この認識に従って一九六四年に創価学会から公明党（清廉潔白な党の意）という名の政党が生まれた。公明党は池田の言葉に従って、「中道という我々の政治によって平和な繁栄した社会」（R・イタリアアンダー　一九七三年　二三三頁）を次の国政目標でもって築くということを自らの目標にした。

「公共の福祉によって豊かさを実現すること

一、相互扶助による「豊かな経済」の導入によって、

二、社会保障の最良のシステムの適用によって、

三、ヒューマニズムを基礎にした文化の創造によって」（同）。

この政治を貫き「人間主義の社会主義」を生み出すために、池田会長は意識的に資本主義と共産主義と異なる立場をとる。

「今日、自由競争システムの国々並びに共産主義政権の国々では人間がないがしろにされている。それらの国々はすべて馬の前に馬車をつないでいる。利益を考えることがすべてを支配している資本主義社会では、個人の幸福はわずかな役割しか果たしていない。それに対して共産主義社会では、個人の自由が統制された経済システムといわば全体主義的政府によって制限されている。それ故、個人の負担を軽減するために、自由な資本主義システムは改革されるべきだし、共産主義は、個人がもっと自由を享受するとすれば、かなりの改良を経験したほうがよい」（R・イタリアアンダー　一九七三年　二

三五頁）。民主主義の国家形態がこのことを可能にする。そのため池田会長はこの国家形態を支援する。池田会長は資本主義と共産主義が人間の物質的欲求を充たそうとしていることを評価する。しかしそれらは結局、宗教的にいかなる「価値」も生み出さない。それらは精神的な救済への問いに答えを与えることはできない。しかしこれらに対して、このとき比類ない法華経をよりどころとする仏教の創価学会は、この問いにおいて際立っている。「要するにそれは、中道という仏教原理に基づく人間への慈悲と尊敬の政治である」（R・イタリアアンダー　一九七三年　二三五頁）。

五・二　資　料

1

仏、教え（法）、そして共同体（僧伽）が仏教の三つの支柱である。僧伽はもともと男性の、そして後には女性も含まれる組織的な信者集団であった。その集団は苦滅の道の途上でその生を人間への奉仕に捧げた。この僧伽は民族的な儀式や祭式、僧侶階級、そして裕福な寺院を伴った教団へと発展した。それが今日では仏教の平信徒から厳しく批判されている。それでセイロンの大地主、D・C・ヴィジャーヤヴァルダーナはその書『寺院の反乱』（コロンボ　一九五八年）で、「セイロンのサンガは全体として堕落しており、教団員はもはや師が命じた無欲な生活を送っていない」（E・ベンツ　一九六三年一二一頁からの引用）と書いた。

コロンボからの次の手紙はこのことを明確にするだろう。

コロンボの大きな眼鏡商であるアルヴァデーヤ氏(3)は家のひとつを貸し、賃借人はある時期がたってもそこを出ていこうとしなかった。しかしそれから裁判所の判決がでる前に賃借人が家を引っ越したとき、アルヴァデーヤ氏は感謝して雨期の時期をその家で過ごすようにと四人の僧侶を招待した。滞在が終わるとき布施と木とを伴うピリトの儀式が催された。それは夕方の六時から翌朝の一一時まで続いた。そしてその緊張で人々はともかくも幾分疲れた。

型にそって切られた白い紙、孔雀、石油ランプ、そして花のデザインで素晴らしく飾られた木製の八角形の構築物が最初に目にとまる。これは夜通し交互にピリトを唱える（特別な原典を朗唱する）僧侶のための特別な場所である。彼らは白で覆われた椅子に座る。そのそばに、僧侶の日常の必需品であるあらゆる可能な対象でいっぱいになった一本の木が置いてある。その木は貧しい子供たちのためのクリスマスツリーのように見える。アルヴァデーヤ本人、隣人、そして友人はその木に練り歯磨き、電気ポット、石鹼、敷布、切手、ボールペン、本、お茶、砂糖、新鮮なパイナップル等を取り付ける。翌日、僧侶は自分たちの必要に応じてそこから何か切り取ってよかった。夜の九～一〇時半から大ピリトの儀式が始まり、およそ百人の人が参集していたが、その後多くの人は帰宅し、わたしを含めて幾人かが僧侶のパーリ語による詠唱に続くために夜通し起きていた。朝の四時頃わたしは迎えに来られアルヴァデーヤ氏の住居に行き、そこで伝統的な朝食キリバット（ココナツミルク、バナナ、ジャッガリー［黒砂糖］そしてサンボルからなるミルクライス）をとった。いっそう白い服を着た人々がこの真夜中に居間に押し寄せた。五時二〇分頃ペラヘラ、即ち旗、神秘的な暗闇を照らす灯油のたいまつ、花を持った子供たちそしてその先頭に太鼓をたたく人々のなす小さな行列が組織された。特別な天蓋のもとで僧侶の礼服のための材料が運ばれた。行列が家に近づいたとき、しだいに明るくなり、二百人以上の人が家の中とその周辺に集まった。花がオクタゴンの机に捧げられる、そこには前日寺院から持ってこられたブッダの聖遺物もある。年長の僧侶のひとりがあいさつをする。その後およそ百人の人が去り、一方他の人々は布施の儀式のために別の僧侶の到着を待ちそこに残る。既に一二人いる僧侶に更に一三人が加わり、壁沿いの白い座布団のある場所を全部占める。それから僧侶たちは高齢のアルヴァデーヤ氏に個人的に接待され、一方で彼の家族のものたちは僧たちにカレーやデザートを出す。わたしはスリランカにいる間中、僧侶たちのような盛りだくさんの朝食をとったことがなかった。それはキリバット（ココナツミルクライス）、ホッパー、ストリングホッパー、魚のカレー、ジャガイモのカレー、サンボル等に始まって、フルーツサラダ、ジャッガリーのヨーグルト、お茶、そして噛むための伝統的なキンマの葉に終わる。我々は後で残り物で食事をすることが許された。その際、ほんとに十分食べられたにもかかわらず、明らかに最良の物は既に僧侶たちによって食べられていた。それから、家族の最も年少の者たちが僧侶それぞれに衣装の生地を贈った。その後、後で招かれた一三人の僧侶は家を去った。彼らは車で寺院に送り帰された。他の僧侶は残り、白い糸を配った。つまり、悪い霊を寄せ付けないために男たちの腕の関節に結びつけるためである。それから一〇時頃もう一度同じように僧侶たちに食事が配られた。そして彼らはクリスマスのように、木から贈り物を切り取ることができた。

（コロンボからの一九八五年十月五日のグットラン・レェーヴナーによる手紙で伝えられた。）

2

学生に職業的に仏教倫理を教え、自由な時間に禅寺で尺八演奏の鍛錬をしている現代のある日本の教師は、同国人の玄関の前で人に知られずに巡礼者として尺八を演奏するために休暇を使っている。

今日、巡礼者として尺八を持って街頭に出ることを決心する者は、尺八の他は小さな木の箱（下箱）だけを携行する。彼は木の箱を首に掛けた幅広い帯で腹の前にさげている。さらに、このとき仏教徒は内的な信念に基づいて外に出ているということが、その袈裟姿に見て取れる。その上、尺八奏者は頭に天蓋をかむっており、顔は見えない。天蓋にはいくつかの割れ目がついており、人に見られることなく見たり眺めたりすることを尺八奏者に許している。尺八奏者は通りに出ている間中、天蓋をかむっており、それで匿名のままである。明るい色の箱に書かれた黒い日本文字だけが、通行人に尺八奏者がどこから来たかを知らせている。彼はいま遍歴の途上だと知られ、「虚無僧」と呼ばれる。箱の正面には「明暗」とある。それは生の現実についての仏陀の知らせを示している。箱の側面には僧の出所がある。

「一朝軒　筑前　博多」（福岡の一朝寺、博多地区）。別の側には日付がある。この日付は非常に重要である。なぜなら、師がその尺八奏者に、乞食として箱を携えて公に修行することを許可した日が記録してあるからである。その上その奏者は師から署名された「吹奏許可」（本則）を持ち、常に携行している。許可と同時にその日に師は、尺八奏者に箱、袈裟、そして「天蓋」（サング）を手渡した。白い巡礼衣装となくてはならない靴は尺八奏者自身が調達する。

さて、尺八奏者が巡礼として通りで尺八を演奏するとき何がおこるだろうか。彼が玄関の前で演奏するとき、戸が開き、演奏のあいだにそしてその後、広げられて差し出された扇に載せられた小さな包みのお米あるいはお金が彼の側に置かれる。感謝のしるしとして彼は扇の上の贈り物を胸の高さに上げ、そしてそれを開いている箱に入れる。贈り物の贈り主は尺八の演奏が終わるまで戸の枠に立ち止まり、それから日常行われる会釈をすることもなく背を向け家にもどる。尺八奏者は黙って次の玄関に行く。そこで彼は改めて黙ったまま尺八を響かせる（N・花田、H・ハーマー　一九八四年　三〇四―三〇五頁）。

3

日本では一八六八年（天皇制の復活）ののち、西洋の影響、進行する工業化そして大乗仏教に基づくものも含めた独自の伝統への復帰が新宗教の展開をもたらした。それらは、たいてい新しい宗教ではなく古い伝統に連なる宗教的再生運動であるが、新興（新しく生じた）宗教（特定の流派の教え）と呼ばれる。第二次世界大戦後、七〇万世帯（一九五三年）から七〇〇万世帯（一九六九年）に膨れ上がった（J・W・ホワイト　一九七〇年　三〇三頁）、創価学会もこの事例のひとつである。注目すべきことは、創価学会はなるほどブッダの国とこの世との区別を認めるのであるが、しかしふたつの領域を切り離さず、したがってその努力をきわめて強く政治の領域に集中させるということである（一九六二年　衆議院の第三勢力である）。

創価学会は常に、病人、貧乏な人、そして孤独な人あるいは家族問題でふさぎこんでいる人を受け入れ、不幸な人を助けるために多くのことをしてきた。……しかしたとえ我々が社会的救済や慈善に力を傾注しているとしても、我々の重点はそこにはない。しかも次の原則からしてそうである。つまり、日蓮は、人が身につけている宝は集められたどんな富よりも価値があり、こころの宝は他のどんな財宝よりも優れていると教えているという原則からである。人が身につけている宝ということで健康、才能そして能力が考えられているが、こころの宝とは生命の歓びという尽きることのない泉である。人間の生命のあらゆる重要な力、並びに他者と社会に対して全く公平に有益であろうとする願いがこの泉に源を発している。しかしこのことを理解しない者は、単なる財政的な援助によってどうにかなるものではない。例えば、働きたくない人は補助金を受け取ろうとするが、その人は受け取ったお金を使い果たしたとき、自力でなんとかしようと試みることなく単にもっと要求するだろう。仏教用語ではお金は困窮している者に「小さな善行」をするといわれる。なぜなら、それは真の救済のためにほんのわずかなことしかしていないからである。真の救済は「大きな善行」によってのみ為される。「大きな善行」ということで、貧しい者や打ちのめされた者に力と意志を呼び覚まし、不幸や困窮から自らを救い出させるという尽力が理解される。それ故、創価学会はなるほど「小さな善」を示すために尽力するのであるが、しかし、慈悲と呼ばれる、あるいは仏教的な情けの意味である「大きな善行」に精神を集中する。[4]

公明党（創価学会の政党組織）の四項目の基本政策

一、公明党は、この国のすべての人の幸福を「中道」という基礎に基づいて促進し、人間の尊厳に対する最高の敬意のもとで国民と協力して国家の幸福を常に念頭におき、改革を成し遂げて原則を誠実に実現するよう真剣に努力する政党として、その立場を守るべきである。

二、「人間主義の社会主義」という新しい見解に基づく政党は、最高の価値を人間の生命の尊厳に置き、自由で責任意識のある経済活動を所得の公正な分配で保証する経済システムを導入しようと試みる。またこの政党は、社会の繁栄と個人の幸福が実現される豊かな社会を築く。

三、この政党は、人間はいかなる人種であれ国籍であれひとつの世界の平等な市民であるという確固とした信念を持っており、また、全人類の持続的平和と繁栄を、平等、協力そして他民族の内政問題に干渉しないという原則に基づいた、独立的で平和を得ようと努力する外交で達成しようと努める。

四、この政党は、日本の憲法を支持し、人間の生命、自由、平等を尊重して信教、集会、そして言論の自由に対する人間の基本的権利を断固として守り、また、基礎となる社会的な権利を採用することに努め、あらゆる種類の暴力を排除する議会制民主主義に、より堅固な基礎を与えることに努める。(5)

4

小乗仏教の拠点であるビルマは一八八六年からイギリスの植民地支配を経験し、第二次世界大戦で日本による占領を経験した。指導的な仏教徒たちはいずれの場合も抵抗を支援した。一九六一年に首相ウー・ヌのもとで仏教は国家宗教として広められた。ウー・ヌはある政治演説で、仏教的な国家社会主義の断固とした要求を基礎づけるために、そして仏教的に理解された極左主義という彼の見解を分かりやすく説明するために、魔法の木のイメージを使った。

「世界が始まり魔法の木の時代に入ったとき、地球のすべての民族の欲求は魔法の木の実によって満たされた。そして皆、豊かで幸せだった。だれひとり木の実を個人的な財産として独占するために摘み取りはしなかった。人々は欲するものを取り、欲求を満たすにはそれで充分だった。しかしそれから、人間の気持ちを駆り立てる貪欲が始まり、ある者たちは自分の必要を越えて木の実を自分のものにし、それを私有財産として完全に切り離し始めた。魔法の木は消えた。そしてそれ以来人間は今日に至るまで窮乏し悲惨である。極左主義(レフティズム)はその魔法の木をこの世界に取り戻そうとする教えである。極左主義が広く受け入れられたとき、私有財産の終わりが来るだろう(6)」。

六　儒教／道教

ペーター・J・オピッツ

六・〇　概　観

「貧困と富」というテーマが、儒教学派や道教学派の伝統的な文献に基づいて論じられる。その場合、両学派はこのテーマに関して、欄外的な意義を認めるだけだということが明らかになる。なるほど、儒家や道家は人間の正しい態度や社会秩序に関して、貧困と富に由来する危険を見て取るが、しかし彼らは、儒教的「君子」並びに道教的「聖人」は富も貧困も過大評価することがないためこうした危険を克服している、という見解である。しかしながら、両学派は、はっきりとこの世に目を向けているので、個人や社会にとって適度な物質的な資源が必要であるということを確信している。そのため両学派は、物質的な財の過剰を過小と同様拒否するという中庸で中道の態度を取る傾向がある。

六・一　儒教と道教における所有と貧困

まず最初に言及すると、伝統的な儒教においても伝統的な道教においても所有と貧困は中心テーマではないということである。このことは、儒家や道家がこのテーマに取り組んでいないということをいうのではない。そうではなくて、これについての議論は副次的な領域、ちょっとした付け足し、そしてついでの発言で行われるということである。所有と貧困が中心になっており、それらが包括的でかつ理論的に満足のいく仕方で哲学的反省の対象に高められている考察を、伝承された文献に求めても無駄である。このことは特に儒教に当てはまる。それはもちろん偶然ではなく、孔子が現れた歴史的状況から、しかしとりわけ、孔子とその後継者が実現しようとした目標から説明される。したがって、それらのことが手短に論じられれば、所有と貧困がそれらの理論で果たしている従属的な意義が理解されるだろう。

紀元前十一世紀に商［殷］王朝を倒し中国北方の大部分を強大な王国に合併した周王朝は、既に孔子の数百年前にその強大な力の絶頂期を越えていた。建国時の力強い支配形態――周の文王や武王並びに君主――のあとを、時間の経過とともに独立を求める封建諸侯や四方八方から攻め立てる蛮族に抵抗する力のない弱い後継者が継いでいた。蛮族は紀元前七七一年に周の首都の攻略に成功し、周は王国の東部に逃れた。そこで平王は紀元前七七〇年に新しい首都を洛邑［洛陽市］に築いた。

しかし王朝の力は砕かれ、その実質的な力は疲弊した。数百年後の歴史家、司馬遷は「平王の時に周家は崩壊し、封建諸侯によって強い者が弱い者を隷属した。斉、楚、晋、そして秦の国が強力になり、覇者（覇）が（王国の）統治を引き継いだ」と書いた。周王朝は、政治的には重要性をなくしたが、それでもなお数百年間、法的に統治を継続しなければならなかったとすれば、それはとりわけ、これら勃興した国家のどれもがその競争相手に対して自己の意志を貫くほどには強くなかったということにある。しかし諸侯の対抗が次の数世紀に影響を与え、果てしない戦争で多数の小国や侯国が滅びその領土が大国に統合されるという結果になった。

しかし戦闘と戦争は当時の中国の「国際的な」水準のみならず多くの国の内側をも支配した。古い氏族のきずなの崩壊や新しい階層の発展とともに、そこではまた殺人や殺害、暴動や弾圧が日常茶飯事であった。「世界（天下）に道のあるときは」、と孔子は過去数百年の解体の過程を回顧的に振り返って特徴づけた、「礼楽や征伐は天子から起こる。天下に道のないときは礼楽や征伐は諸侯から起こる。諸侯から起こるときは、およそ十代までで失敗しないものはめったにない。（諸侯の）大夫から起こるときは、五代までで失敗しないものはめったにない。（大夫の）陪臣が国権をとりしきるときは、三代までで失敗しないものはめったにない。天下に道あれば、政治は大夫の手などに握られることはない。天下に道あれば、平民は政治の批判をしなくなる(1)」。

時の経過とともにますます秩序が崩壊するという経験は、二世代後に、孔子の最も重要な後継者の一人である孟子によって、もっと簡潔に、より具体的に表現される。そしてまた、さらに一世代後の荀子の場合は、政治的精神的秩序の崩壊というこの経験がその思想の背景を形成する。

紀元前八世紀から紀元二世紀の間に、中国世界が経験したような徹底的で持続的な秩序の危機に対しては、さまざまな反応の可能性がある。ユダヤ黙示録の伝統に見られるように、我々は世界の終末と輝かしい神の国の建設を希望することができる。インドの場合のように、我々は世界をあるがままに受け取り、けれども同時にその物質的で感覚的な編み物から離れることができる。あるいは、ギリシャの哲人たちがしたように、我々は精神的政治的無秩序現象に身を置き、それを新しい精神的で政治的な秩序を構想することで克服しようと試みることもできる。中国の反応は、とりわけ儒家たちに当てはまるのであるが、ギリシャの哲人たちの反応に最も類似している。彼らと同じように、儒家たちは政治に無関心なあきらめに逃げなかったし、神の介入を期待して不活発に動かずにいることもなかった。なるほど、儒家たちもまだ初期の周の統治者を信じて、天が地上の出来事を監視して委託(明)を交代させることで無能な王朝の失脚と新しい王家の即位に協力すると考えていた。しかしこの信念は、彼らを消極的態度に導くことはなかった。むしろ彼らは、そのような、世界支配の資格を認められた支配者の登場に協力することが自らの任務であると見なしていた。

儒家たちの寄与と任務は、彼らの見解によれば、特殊な行政的専門知識あるいはましてや権力闘争に加わるための軍事的技能にあるのではなく、古代の賢王が有した秩序の知識を伝えること、そしてその秩序の知識――即ち仁、義、礼、智、信――によって自ら自身を形成することのできる支配者や大臣を教育することにあった。なぜなら、儒家たちによって再び取り上げられ伝えられる伝統的な確信によれば、世界の秩序はとりわけ支配者やその大臣の道徳的な力（徳）が中心になっており、そこから全世界に光が発しているからである。「統治（政）とは、正である。我々が率先して（よい実例をもって）正しくすれば、だれも敢えて正しくないようにしようとはすまい[2]」、と孔子は彼に統治術を尋ねた支配者に教える。

従って必然的に、儒家たちの教えは道徳的に正しい態度に集中する。しかし、その教えの受取手は人間自身あるいは一般市民――そのような者はまだ全く存在しない――ではない。受取手はとりわけ、支配者、大臣、貴人、そして当時の社会的変革で力を発揮しているすべての者である。儒教道徳の力強い政治的な達成は「君子」という象徴で示され、儒教の教えは君子のまわりをめぐる。孔子以前の文献――例えば『詩経』や『書経』――で首尾一貫して社会的な身分を言い表していたこの観念、つまりまだ教育中であるか既に統治職に就いていた君主の子息［君子］は、社会的な実質がいっそう明白に後退し、他方で政治的な基本的意味はそのままであるという点で、孔子とその弟子たちによって意味の変化を受けている。

こうした儒家の政治的意図を背景にして、所有と貧困は単に従属的な意義しか持たず、それらが「君子」の態度に影響を及ぼすかぎりで関心が持たれるだけだということが理解される。まさにこの見方――君子にとっては所有と貧困は原則的にとるに足りないということ――が魯国の人々に話しかけられる。

「富と貴い身分とはこれはだれでもほしがるものだ。
しかしその道をもって被害を与えることなく得たのでなければ、
それをあきらめなければならない。
貧困と賤しい身分とはこれはだれでもいやがるものだ。
しかしその道をもって被害を与えることなく避けたのでなければ、
それは去らない。
君子は仁からそれて、
名を得ることはない。
君子はいかなるときも仁から離れず、どんなに混乱しても、それを離さず、どんなに危険なときも、
それを離さない[3]」。

このメッセージは誤解のおそれはない。つまり、富と貧困はおのずから悪であるのではなく、それの獲得ないし忌避が君子の仁を損なうときにのみ悪なのである。次の言葉も同じ思想を伝えている。

「粗末な飯をたべて水を飲み、うでをまげてそれを枕にする。楽しみはやはりそこにもあるものだ。道ならぬことで金持ちになり身分が高くなるのは、浮き雲のようにはかなく無縁なものだ[4]」。
「道をめざす士人でいて、粗衣粗食を恥じるようなものは、ともに語るにたりない[5]」。

貧困は富と同様、その人物をだめにすることがあるということ、また人は君子としていやなことも平気でいなければならないということが、次の話にも聞き取れる。しかしその際、孔子は、弟子の一人に引用される格言を指し示すという態度で満足するのではなく、その単に消極的に捉えられた態度を積極的なものに変えるのである。

「子貢がいった、『貧乏であってもへつらわず、金持ちであってもいばらない』、というのはいかがでしょうか。

先生は答えられた、よろしい。だが、『貧乏であっても楽しみ、金持ちであっても礼儀（礼《い》）を好む』というのには及ばない。

子貢がいった、詩経に『切るが如く、磋《す》るが如く、琢《う》つが如く、磨《みが》くが如く［それぞれ骨、象牙、玉、石をみがくことで、切磋琢磨は学問修行にはげむ意味になった］』とうたっているのは、ちょうどこのことでしょうね。

先生はいわれた、『賜［子貢の名］よ、それでこそいっしょに詩の話ができるね。あることを話して聞かせると、まだ話さない後のことまで分かるのだから』」。(6)

富を悪者にするのでもなく貧困を美化するのでもないこの独断的でない態度は、次の言葉にも示されている。孔子にとっては、貧困と富を克服する人物的な能力よりも、貧困と富を評価するに際して引き合いに出される社会的な諸関係が問題なのである。

「国に（正しい）道があるのに、貧乏で低い地位にいるのは恥である。国に（正しい）道がないのに、金持ちで高い地位にいるのは恥である」[7]。

…どうやら、注釈的に所見を述べれば、それらは、当事者が不正な仕方で富み、悪い支配者と仲が良いというしるしである。しかし真の君子はそのような立場から身を引き、宮廷を避けそのような栄誉を拒絶する。他方、君子が立派な君主のもとで要職に就いているのは正当であるばかりでなく、この場合の富と高い地位はその人の正しい態度のしるしなのである。

伝承された文献が正しい印象を伝えているかぎり、孔子は、とりわけ君子の所有と貧困に対する関係について意見を述べたが、しかし民を犠牲にして搾取的な税金を課すことで富んだ諸侯の問題には軽く触れるだけであった。しかし、この後者のテーマが孟子の言説の中心である。こうして孟子は、当時の利益を得ようとする諸侯を公然と非難するだけでなく、さまざまな課税システムについて詳細に論じる。そこで彼は鄒の諸侯にかつての王朝の税システムを説明し、斉の宣王に周の文王の公課制度を勧める。

「文王が岐を治めていたころ、農民には九分の一しか税をかけませんでしたし、役人には俸禄を世襲にし、関所や市場では取り調べるだけで税をかけませんでした」[8]。

そして宣王があとで孟子に、わたしは富を重んじていると打ち明けると、孟子は王に「富が好きなら、それを多くの人々といっしょに使って下さい」と助言して安心させる。このことは思ったほど容易なことではないということが、別の箇所、つまり「富を為さんとすれば仁ならず、仁を為さんとすれば富まず」[9]という箇所で知らされる。しかしながらこの問題は、そこではこれ以上掘り下げられない。なぜなら、孟子は結局のところ、富と仁とは全く両立する、それどころか仁の実践はその上、仁のある統治がまず勤勉さと豊かさのための枠組みを創りだすことで、富をもたらすのだということを確信しているように思われるからである。

古代の第三の偉大な儒教の思想家、荀子（およそ紀元前三〇〇―二三〇年）も同じ見解を表明する。それは荀子が、儒教の教え――その核心はまさに仁であるが――に関して、次のように確認するとき知られる。「それ故、儒の教えが実際に実行されると、世の中は裕福で豊かになり、余暇と成果を得、融和が生じる、なぜなら音楽が奨励されるからである」[10]。孔子と孟子において貧困と所有の問題が取り扱われたが、その二人の地平は、荀子にあっても越えられてはいない。例えば、荀子においても、とりわけ、君子にとっては貧困と所有がとるに足らないことだということをはっきり示す言明が見られる。

「君子は貧窮しているとしても、その心は広く自由である。君子は富と名誉の中にあっても、その振舞いは礼儀正しい。……

君子が貧窮しているにもかかわらずその心が広く自由であるのは、仁を道徳的な根本価値とみているからである。君子が富と名誉の中にあっても他の人に礼儀正しいのは、外面的な力をたいして評価していないからである。……」[11]。

「立派な行為が物質的な財産にまだ値していないと考えている者に財産が入ってくるとき、その人は拒絶したり優先権を与えたりするという道徳的な規則を果たしたときにはじめて、疑うことなくその財産を受け入れる。幸いなことにも（儒家は）調和的順応による秩序原理の側に立つのである。不幸なことにも儒家は物静かな態度による秩序の側に立つのである。富める者は幅広く善行を示し、貧しい者は支出を切り詰める。真の儒家は身分が高くても低くてもかまわない、富んでいても貧しくてもかまわない、殺されてもかまわない、しかし誰も彼を不作法にさせることはできない」[12]。

次の一節は、興味深い人間の分類を示している。ここでは貧困と所有についてのさまざまな評価が論じられ、儒家の視点から評される。

「（勇気には三種類が）ある、つまり上等の勇気、中等の勇気、下等の勇気である。

世の中に正しい中道の政治が行われていれば、決然としてその身をそれに定め、先王の正しい道が行われていれば、決然としてそれに従う、社会秩序のない時代の支配者の言いなりにはならず、民衆が社会的無秩序に向かっているときはそれに同調せず、仁が行われていれば、貧窮をいとわず、仁が全く顧慮されていなければ、富貴を望まない、……こういう人が上等の勇気を示す。

伝承された行動様式を忠実に守ることによって礼儀正しい人としてそこに立ち、自らの目標に甘んじることを心得、偉大さ、落着き、そして信頼できることを高く評価して財貨のことをあまり気にかけない、……こういう人が中等の勇気を示す。

自らの修養はほとんど気にかけず、しかしそれだけ一層財貨のことを気にかけ、災いを（それがまだ生じないかぎりは）ほとんど気にせず、しかし（災いが生じたときは）まがった仕方でそれから逃れようとする、ことのよしあしや正否の実状を顧みず、また自らの優越を他人に感じさせようとする目標だけがある、こういう人が下等の勇気を示す[13]」。

初期の儒家と道家の違いがどんなに大きいとしても——少なくともある一点では彼らの考えは一致している。つまり、世の中の秩序は統治者の徳に依存しており、その限りでとりわけ、統治者の態度を正すことが重要であるという見解において一致している。しかしこの意見の一致の向こうで、再び意見の相違が始まる——そしてその相違はすぐにとりわけ統治者の徳自体の規定において明らかになる。

儒家の君子——それが統治者であれ、大臣であれ、あるいは単に私人として暮らしている学者であれ——にあっては、人間や社会の問題にかかわり、仁の実現と仁に基づいたさまざまな儀式にかなった秩序を確立することによってその問題を解決しようと努める、人生や世の中に比較的心を開いて直面している人物が問題となっているが、道家は世の中の動きにむしろ懐疑的でよそよそしい態度をとっている。道家の見解によれば、現存する無秩序、混乱、万人の万人に対する戦いは、当時の多くの統治者が信じていたように、軍事的な力によって終わらせることができないし、儒家が教えたように、徳の宣伝や複雑な儀礼の確立によっても終わらせることができない。むしろ平和は、統治者が自らの欲望に従わず、その態度を、天と地の経過の中にみずからを表わすタオ〔道〕に向けるとき、はじめて始まるとされる。このタオの働きを『老子』のある章は次のように描く。

「大道はあふれ出て、
右にも左にも向きを変える。
万物はこの道によって生を受けるが、
道は一言も語らない。
道は働くが、その成果をつなぎ止めない。
道は万物をはぐくみ育てながら、
その主催者にならない。
常に無欲で、
小と呼ぶことができる。

万物がその道に向かって、
主催者にならないという点で、
大と呼ぶことができる。
道は決して自分を大としないから、
大を真の大とすることができるのだ[14]」。

用心深く背景にとどまり、人に自らの意志を押しつけず、単にその人自身の自然な傾向を促進するだけの、ここで描かれたこの働きは、いまや「聖人」の基準（範）に高められる。

「世の中に禁令が多く布かれると、
人民はいよいよ貧しくなる。
人民に文明の利器が普及すると、
国家は混乱する。
人民に技巧が発達すると、
奇をてらった品物がどんどん作られる。
法令が整備されればされるほど、
盗賊が増えてくる。

だから聖人は言うのだ、
『私が無為である』、
すると人民はおのずから教化される。
私が静観を好む、
すると人民はおのずから正しくなる。
私が無事である、
すると人民はおのずから富む。
私が無欲である、
すると人民はおのずから質素になる(15)」。

無為の要求と並んで「無欲」の要請は、統治者の正しい態度の本質的な相をなす。統治者のそのような私欲のない態度によって国の平和が守られ続けるということを別にすれば、物質的所有のはかなさや危険性を指摘することで、この無欲の要求の正当性が根拠づけられる。

「……
金玉財宝を座敷いっぱいに積み上げたとしても、
とても守りきれはせぬ。

出世して金持ちになったとおごり高ぶっても、
自ら災いをもたらすことになる。
仕事を成し遂げたら、
さっさと身を引く、
これが天の道である」[16]。

更になお、世間に——そしてまた物質的なものに——巻き込まれることから解放されることを勧めるという論点がこれに加わる。つまり、こうしてのみタオとの一致が実現するのである。

「（聖人は）
おのれの［欲望の］通路をふさぎ、
その入り口を閉ざし、
おのれの鋭気をそぎ、
その鋭気から生じるもつれを解き、
おのれの輝きを和らげ、
その輝きを曇らす汚れに同化する。
これを玄妙な合一という。

だからこのような者は、
親しむこともできず、
疎んずることもできず、
利益を与えることもできず、
危害を加えることもできず、
貴くすることもできず、
賤しくすることもできない、
だから世の中で最も貴いものとなるのだ(17)」。

『老子』の場合、この世の中からの解放はまだ完全に徹底して語られているのではなく、聖人のなす政治秩序への働きかけとのバランスが守られているのであるが、もう一人の偉大な道家である荘子(およそ紀元前三六九—二八六年)の場合は、この均衡は失われている。世界——特に政治の世界——は救いがたく堕落しているように見え、古代に存在し文明の経過とともに一層深く埋められそしてひどく損ねられた秩序の回復はもはや不可能である。公職と高い地位の断念、それどころか社会から逃れて私的な存在に退くことが、論理的な帰結である。それは有名な亀の物語で表現される。

「荘子が濮水で釣りをしていたとき、楚王は二人の家老をつかわして荘子を招聘した。どうか国内のことすべてを、あなたにおまかせしたい。

荘子は釣り竿を手にささえたまま、ふりかえりもしないでこういった。

『わしの聞くところでは、楚の国には神霊のやどった亀がいて、死んでから三千年もたっているという話だ。王さまはそれを絹で包み箱に収めて、霊廟の御殿の上でたいせつに保管しておられるそうだが、しかし、この亀としては、いったい死んで甲羅を残してたいせつにされることを願ったであろうか、それとも生きながらえて泥の中で尾をひきずって遊ぶことを願ったであろうか。』

二人の家老は答えた、『それは、やはり生きながらえて泥の中で尾をひきずっているのを望んだでしょう。』

荘子はいった、『帰りなさい。わしも泥の中で自由に尾をひきずることにしよう[18]』。

しかし、ここで語られる、快活で、隠棲した、自然との調和にささげられた生活の洗練は、生活形態の実際的なあり方の単なるひとつにすぎないというのではない。この回避はもっと根本的なものにもなるのである。つまりそれは、人生嫌悪や死の渇望へと急転回しうる。しかしそれはまた、現象世界の基礎になっており人間が人間であることや人間の個性が帰する、神秘的な根源への直観へと導きうる——この方がはるかによく見られる反応である——。例えば、母の死をきわめて平静に受け入れた孟孫才という名の人のことが語られる。

「彼は、なぜ生きているのか、なぜ死んでいくのかなどという理由を知ることもなく、生死の後先を考えてそのどちらがよいなどと考えることもない。さまざまな出来事がもたらされる変化を、この変化は知ることができないと知って、そのまま過ぎゆくままにさせる。いったい、変化してしまったときには、変化しない前のことがどうしてわかろうか。また変化しないでいるときには、変化してから後のことがどうしてわかろうか。わたしなどは、お前といっしょで、夢を見つづけてさっぱり覚めないでいる者だろう。……

さらに、われわれはお互いに吾れと名づけているが、われわれが吾れと呼んでいるものが、いったい、あるのかどうか知っているだろうか。お前は夢のなかで鳥となって空を飛んだり、夢のなかで魚となって淵にもぐったりするだろう。今ここで話していることも、目覚めているのか、それとも夢をみているのか、お前は知らないだろう。偉大な歩みを為した者の歓びはもはや外からは窺い知れず、その歓びを外に出す者は万物の推移に貫かれてはいない。万物の推移のなかに憩い変化のことを忘れる者は絶対の立場に入るのだ」(19)。

このような見方からすれば、所有と貧困は世の中の非本質的な状態であり、多言を要するに値しない些事であることは明らかである。そのため、道家の文献には富への言及がほとんど見られず、言及されるときは、富は世の中に巻き込まれていることのしるしと見なされる。

「その行動の原則が内にある者は隠れて生きており、
その行動の原理が外にある者の願いは、
財を集めることに向かう。
隠れて生きる者は、
為すことすべてに光を放ち、
その願いが財を集めることに向かう者は、
商人にすぎない[20]」。

しかしさらに富のことが見いだされるのは、平安と悟りを求める者が避けねばならないものや避けねばならない振舞いが数え上げられる枚挙のさなかにおいてである。

「思いの迷いを取り除き、
こころのからみをほどき、
徳のもつれを解放し、
道への障害をうち砕け。

地位と富、身分と権威、

名声と利益――これが六つの思いの迷いである。
　見かけと動き、外観と姿、
気性と態度――これが六つのこころのからみである。
　嫌悪と欲望、喜びと怒り、
心配と幸せ――これが六つの徳のもつれである。
　退けることと迎えること、受け取ることと与えること、
知ることとできること――これが六つの道への障害である。

これらの六つのものが、もはや胸をむしばむことがないなら、まっすぐな者となる。まっすぐな者となったら、平安を得る。平安を得たら、悟りに到る。悟りに到ると、空っぽになる。空っぽになったら、何も為すことがなくしかも為さないものも何もない[21]」。

六・二　展　望

儒教と道教の精神的な創始者が示した貧困と富に対する考え方は、次の数世紀にわたっても方向を示し続けた。即ち、その後継者にとっては、貧困と富は従属的な理論的意義をもつ現象であり続けた。もちろん実際には、その態度は幾分より個別化された。特にこのことは儒家に当てはまった。儒教

の君子はその自己理解から、物質的な財産に対してはむしろ距離をとった関係を保持し続けたが、――例えば、それは儒教社会の商人や金貸し業者の社会的身分の低さに示されていた――、儒教理論が中国の文明理論に高まり儒家が国家の最高職に登りつめるということで、儒教の知識階級にとっては利益のために自らの身分を利用しようという誘惑が増大した。この傾向は、富に対する孔子の明確な禁令がなかったために阻止されず、さらに物質的な財産によって慈善行為が可能になるという示唆によって促進された。そしてそのような逸脱行為に対しては、とりわけ倫理的な徳の涵養を大切にする儒家の批判が繰り返し向けられたのであるが、しかしこの批判は決して、カトリック教会のドミニコ修道会［托鉢修道会］という形で西洋が体験したような儒教内部の運動にはならなかった。その上儒教の人生観はこの世に向けられており、個人、家族、そして社会にとって物質的財産の必要性はあまりにも明白だった。

道家も「普通の」生活に必要とされるものを決して視野から見失わなかったにもかかわらず、彼らは個人的な生活形態においては通常、より質素でつましい生活に傾いていた。しかしその際、同時に、富を悪徳にしたり貧困を徳にしたりすることもなかった。老子と荘子の教えが最初から国家の基本的なイデオロギーに適してもいず、大衆への大きな魅力を当てにすることもできないということによってもまた、道家のこのような生活が容易に実現された。世間から逃れること、生活を内面的に充実させること、そして自然と結びつくことという傾向において、老子と荘子の教えは数世紀に亘って、対極のひとつであり続けた。しかしまた、大衆に向けられた儒教的世界観のひとつの補完物であった。

［訳者注］

以下の文献を参照させて戴いた。

『論語』金谷治訳注（岩波文庫）。

『孟子』小林勝人訳注（岩波文庫）。

『世界の名著　諸子百家』金谷治責任編集（中央公論社）。

『老子』福永光司　吉川幸次郎監修（朝日文庫）。

『荘子』金谷治訳注（岩波文庫）。

七　アフリカの部族宗教

ハインリッヒ・バルツ

七・〇　概　観：聖典を持たない宗教の習俗と祭式

聖典を持たない宗教の研究は、聖典を持つ宗教あるいは高度な宗教と較べて方法上の特別な問題をかかえている。その言葉に立ち返ることのできる創始者はなく、拘束力のある指示を推察するための確定的な教えもない。一般に、所有と貧困についてのいくつかの命題をもたらすことわざ、寓話、そして他の形式の「教え」もない。しかしこの教えのエートスは日常的で、それが部族の信仰と祭式に結びつけられて、まれに知ることができるという意味で世俗的である。宗教的に中心となる表現内容であるという意義づけを受け取ることができるものは、むしろ部族社会の祭式から直接、推定されなければならない。まず最初に祈りの中で求められる財宝によって、そしてそれを求める仕方によって、生活の中心となりエートスを決定する価値や葛藤が知られる。しかし祭式で人々が秩序だって活動を開始するときには、聖典を持たない宗教の中心的表現内容として取り扱うべきものそしてまた周辺的なものとして取り扱うべきもの、実際に行われている宗教で古いものそしてまた後で付け加えられたもの、についての判断は、いくらかリスクを伴っている。より初期の段階から後の段階へという変遷の想定は、現象一般の解釈を常に既にある程度前提している。

さらに、ずっと以前から正当な理由で、もはやアフリカの宗教について単数で語られることはなく、アフリカの諸宗教について語られる。しかしだからといって、さまざまな差異をもちながらもこの大陸の宗教のすべてが互いに共有している根本テーマがある[1]ということを否定しようとするのではない。「所有と貧困」というテーマにとっては、社会と環境によってかなりの程度まで規定されるこのような差異が、特に本質的に重要である。これに特殊な仕方で当てはまるのが、G・バランディーの皮肉なコメント、植民地化前のアフリカの社会はなるほど「すべてが宗教的」であったが、しかし同時に「すべてが経済的」であったというコメント[2]である。所有と貧困との間に緊張関係がはたらいているということの手掛かりをつかむために、その手掛かりを部族宗教と境界づけられた伝統的社会との関係のうちに探らなければならない。そのとき初めて、近隣諸部族との相互作用、社会的決定性の限界、並びに近代に急に始まった社会的宗教的変化の規模と深度について、確かな推測が打ち立てられる。

それ故われわれは、複雑なものを基本的なものに単純化するという試みで満足する。しかしそれを歪曲することなしにである。それは以下の、カメルーンの北西森林地帯のバコッシ（Bakossi）族に基づいて行い、そうして近接諸部族との類似性と差異性をただ大づかみに示す。[3] その最初をなすのは(1)生きている者たちが死者に要求する財宝についての言明を伴う、昔からのバコッシ-宗教のおそらくは中心であるヌディ（ndie）という村の祖先崇拝である。次は(2)植民地化前の別の祭式や制度によってなされる、均一で社会統合的な祖先宗教の変遷と交差である。そして最後は(3)昔からの宗教のエートスが、徹底した経済的で政治的な変遷という条件の下で、キリスト教という広く受け入れられた新しい宗教と出会う様を一瞥することである。

七・一　アフリカの部族宗教における所有と貧困

1　生きている者たちが死者に請い求めるもの：ヌディ、村の祖先崇拝

原祖先と村の祖先

バコッシの所有と富に対する評価についての示唆は、意味論からして、族長ないし村の代表者の最古の名が逐語的に金持ち、所有者を表すノーオン（nhon）であるということのうちに見いだせるかもしれない。アーオン（ahon）、即ち富がバコッシの指導的な秘密同盟の名でもあった。初期の宣教師たちは「金権政治」について、あるいはもっと無頓着に、カメルーンの異教徒の精神的な関心に対する全くの欠如について語った。祈りですら常にただ「外的な物」の周りを回っている――このことはもち

ろん同じ宣教師たちが、ドイツは原料を緊急に必要としているのでアフリカの植民地が必要であるとドイツのキリスト教読者に説明するのを妨げなかった(4)。

この解釈の方向はなるほど偏ってはいるが全く誤りであるというのではない。バコッシにとって持つことは在ることである、しかもそれは外的な、提示できるという意味で持つことである。しかし、この方向は唯一可能なものではなく、おそらくまたバコッシの宗教のより古い最初期の層に導きもしない。この層はむしろ、バコッシが部族の初期の歴史を物語り過去を祭式でありありと思い浮かべるところに、即ち村の祖先崇拝や祖先伝説、先祖ヌゴエ（Ngoe）伝説に求められねばならない。ヌゴエは族長で賢者であった。おそらく予言者で聖者であった。しかし金持ちではなかった。彼は女の先祖であるズメディアング（Sumediang）に花嫁のための報酬を支払わなかった(5)。バコッシの祭式の中心は毎年の村の祖先祭、ヌディであった。この言葉が意味するのは食事、食事の場所であり、そして村の前の聖なる森での生者と死者の共同の会食を言い表す。それは上等でたっぷりあるが浪費的ではない会食であった。この祭りは個人の死に対する記念祭とは明らかに異なっている。個人の記念祭には、個々の氏族がその農家に一方では村の近所の氏族を、他方では周辺の村々から自らの氏族を招いた。このチュ（chu）そしてアヒーク（ahieg）と名づけられる死者の祭りは、明らかな消費、かなりの者が無理をし貧しくなるにしても、個人の豊かさの演出であった——そしてそれは今日でもそうである——。この祭りの実際に宗教的な内容はおそらく古代においてもそれほどきめ細かくは決められていなかった。他方ヌディであるが(6)、これはなるほど盛大な会食を伴わずに催され、それに村の共同体のすべての氏族が寄与した。しかしこれは、村の共同体の差異ではなく統一を表明した。その上、過去には他の部族の奴隷がそれに参加しなければならなかった。ヌディにおける公式の祖先への祈りが会食の宗教的、秘蹟的意味を保証した。そこでは村のすべての氏族の祖先が呼びかけられる。入植の定礎以来の重要な男性のすべてが、まれには女性が呼びかけられる。彼らは総じてベニャーメ(benyame)と呼ばれる。その単数形、ムワニャーメ(mwanyame)はキリスト教前の古い神の名である。神と祖先信仰における祖先とがどのようにして結びついたのかということは、アフリカの他の場所でと同じように、今日のキリスト教化したバコッシにおいても議論の対象になっている。祖先は、彼らが生者に分け与える財宝もそれどころか世界ないし人間も創造していないという意味で仲介者である。その創造は今なお彼らの「背後に」いるムワニャーメがするのである。しかし彼ら祖先は独立しており、祈りと贈り物によって彼らとそして彼らとだけよき関係を保つのである。

村の祖先に祈る内容

祖先への願いの規則的で基本的で本質的な内容は、昔から、家の子供、小家畜の加護、そして農場の加護の三種類である。折に触れて狩猟の成果がこれに加わる。バコッシが自立経済を越えて市場や近隣との取引を知るようになってから、お金や取引商品への願いが祈りの規則的な一部となっている。ヌディの毎年の繰り返しが農業を規定している。祭りが今なお規則的に行われているところでは、祭りは十一月の種まきの時期でかつ乾期の始めにあり、ごくまれに収穫の感謝として三月の乾期の終わりにある。

祖先への感謝は封入されているが、祈りの文面は願いと要求が優勢である。さて、祖先は聖なる場所で食事やヤシ酒の割り当てを、立てかけられたりこぼされたりして再び受け取ったのだから、祖先はその生きている子供たちを悲惨な貧しい生活で苦しませることはしないという明確な期待が、祖先に発せられる。子供、お金、そして収穫の加護が少ないという苦情は毎年の祈りの変わらない要素であり、それ故苦情は実りの多い年か少ない年かの推論をさせない。ヌディが今日もはや年ごとに行われず、特に困窮した危機的な年にのみ行われるところでは、事情が異なる。そこでは普通、料理や飲み物の供物の他に動物の供物が、少なくとも雄羊が加わる。このような場合、祖先が村の生きている子供たちに立腹しており、なだめられねばならないと考えられる。それには血を捧げることが役に立つ。しかしこの考えは、罪の告白として言語化されてはいない。村の共同体は「貧しく」「見捨てられて」いるが、罪があるのではない。村の共同体は祖先に分け前を与え、忘却から祖先を呼び起こし、祖先に要求する。この態度は本質的に、私は汝が与うるために与うという態度のひとつである。そして村の水準では、生きている者の祭式的な「与えること」が年一回に限定されているのに対して、祖先の加護は一年中毎日期待されるのである。

村の祖先は恐れられてはいない。ヌディは歓迎と加護の場所である。それは怖れのない魅惑の経験である。むしろ父母たちが病気、獣による耕地の被害、そしてさらに共同体のなかで他人から加護や生命力をだまし取る邪悪な人間、妖術師による被害から守るために呼びかけられる。

個々の氏族がヌディによって村の家に運ぶ「加護」は物質的だが不確かな財宝と考えられている。各々の氏族は聖なる森から自分の農家に通じる小道を持っている。その小道は他の氏族の持つ小道を横切ってはならない。なぜなら、さもないと加護がなくなるだろうからである。子供のいない妻のような、ヌディで特別に祝福された個々人は、帰り道で誰とも挨拶を交わしてはならない。

バコッシ近隣の氏族の祖先祭

ヌディは村の祭りである。即ち、氏族が単独で祭ったり祈りを捧げたりしてはならない。このことは、ヌディの祭り共同体を「自然な」共同体と「宗教的な」共同体の境界に位置づけるための重要な特徴である。もちろんこの共同体はさまざまな氏族の居住共同体としてある。つまりそこでは、結婚が互いに禁じられるのではなく、望まれている。しかしこの共同体は、村の共同体を宗教的に確かめるために、そしてそもそも氏族の違いを、とりわけ豊かな氏族と貧しい氏族の違いを均質化し、等しくするために、ある場所で、それぞれの氏族の創始者を毎年いっしょに呼び出す必要があるという意味で、「宗教的」である——そしてまた、ポリスという言葉のもとの意味で「政治的」である——。「ヌディは我々の教会であった」とバコッシは言う。なぜなら、ヌディは氏族を越えた新しい祭式共同体を昔の祭式共同体と関係づけるからであり、そしてそれとともに同時に、新しいキリスト教の祭式が村に入ったとき、昔の公式な祭式の中心であるヌディがなぜ真っ先に消滅したかを説明するからである。

キリスト教が入るまえのバコッシの村共同体の宗教的確認は、自分たちの祖先祭と西や北東の近隣部族の祖先祭との区別もしている。西のバニャンギ（Banyangi）やエヤガーム（Eyagham）も同様にひとつの村にいくつかの氏族がいっしょに暮らしている。しかし、祖先祭に村が集まるのではなく、そのつどひとつの氏族が、即ちある祖先の互いに結婚していない子孫が集まる。住宅共同体そして居住共同体は世俗的であり続け、昔からの自然な氏族共同体のみが比較的長い期間にわたって「宗教的」である。そのような祭りは、普通、さまざまな村からバコッシの村の祖先祭よりも多くの人々を集めるが、より古風で自然との結びつきがより少ない。北東のバミレケ（Bamileke）にあっても事情は同じである。そこではさらに、祭式で死せる族長に重要性が与えられるのであるが、それに応じて他の氏族の創始者はその重要性を失うことになる。ちなみに、バミレケでも居住共同体の他の氏族の構成員ではなく、祖先を同じくする氏族の構成員が公式の祭式に集まる。父親が奴隷としてバコッシにやって来たバミレケのひとりの老人が、私にその違いを次のように説明してくれた。「われわれバミレケでは、ある一氏族が祭りをすることが許される。なぜなら、われわれの氏族は大規模でしかるべきものを表すからである。バコッシでは、それぞれの単独の氏族が数においてどんなにみすぼらしいかを見ないために、いくつかの氏族がヌディで協力する……」。バコッシが数の上で「みすぼらしい」ということの軽蔑的な判断は真理の重要な部分を含んでいるだろう。つまり、宗教の基本的な課題としての社会的統合（デュルケイム）は、自然な共同体が、さらに互いに争う代わりに、窮乏に直面してまた聖なるものの分かち合われた経験に直面して、宗教的にも政治的にもより大きな共同体に高められるところで初めて始まる。政治的人間学において「国家の前形態」をなしうるものは、部分からなる均一な社会で、貧富の均等化に迫る優れて宗教的な倫理的な側面を常に保持している。しかし政治的なものにおけるように、宗教的-倫理的なものにおいても、そのようにして実現された均衡は不安定なものである。

2　祖先崇拝、蛇への奉仕、そして金持ちの同盟

エコング（ekong）による邪悪な富

文字のないアフリカの宗教にあって植民地化前の展開の中での諸段階が、区別されうるかどうかという問題は、議論の対象になっている。しかし「ヌディは我々の教会だった」という情報提供者の命題が事実に合っているとしたら、その命題と同時にまたバコッシの宗教の植民地化前の変遷の諸段階も有名になっている。このことは二重の観点でそうである。一方では、ヌディの祭式そのものの変遷に関して、他方では、ヌディと後の他の公式な祭りや制度との合同行事に関係して、そうである。

昔の素朴なヌディは怖れのない魅惑に満ちた神秘であった。掟のない加護と恩恵であった。しかし南部のバコッシは、秘密同盟精神の持ち主ムヴァンクム（Mwankum）の出現によって、既に植民地化前にヌディの儀式に掟を組み入れた。ムヴァンクムは祖先が与えた土地の掟の解釈者であり増幅者である。(7) 彼は、祖先が明らかにできない――あるいはもはやできない――ものを罰することができる。例えば、既婚女性の反抗的な態度は処罰すべきである。しかし、健康や収穫の加護や豊かさを求めて

村の誰かをあるいは自らの氏族の誰かを陥れる、あらゆる種類の呪術行為や魔術行為はいっそう処罰すべきである。ムヴァンクムはヌディの神聖な場所に現れる。なぜなら、村の実際の共同生活にはこうしたあらゆる邪悪な陰謀が存在するからであり、幾人かの目立った裕福さというのはまさにただごとではないからである。しかしそのときは何が起こったというのだろう。バコッシは異常な豊かさに対して二つの答えを用意していた。つまり、誰かがエコングをしているか、即ちクッペ山の魔法使いの夜の集会を訪れそこから素晴らしい「小荷物」を持って帰ったか、それとも誰かが「餌を与え」、村の他の者から奪った富を彼のもとに持ってくる蛇、ニョ（nyo）を持っているかである。(8)

最初の答え、エコングは、構造的に他のアルカイックな文化のカーゴ-カルト［南西太平洋諸島の原住民の間で行われる至福千年説の性格を帯びた宗教運動］といくつかの共通性を持っている。これもまた、不可解なすばやい経済的変化を魔術的におとぎ話のように「理解する」。力を持っている者たちの山の夜の祭りから持ってくる閉じられた束ないし小荷物には、幸または不幸、富または病が入っている。人は自宅で初めてそれを開けることが許され、そしてもう元に戻すことはできない。近隣部族のバクヴィリ（Bakwiri）は五〇年代の突然のバナナ輸出ブームをエコングと説明した、それから――英連邦からの西カメルーンの分離後東カメルーンとの併合による――金銭の恵みという同じように予期せぬ結果をエコングと説明した。(9) しかし総じて、エコング信仰はここ数十年で勢いを失っている。しかも比較的遠い近隣部族においてよりもクッペ山のすぐ近くの周辺でいっそう早くである。有名なエコングの大家、ニャゾゾのアジェベ（Ajebe aus Nyasoso）によって、彼の死の直前の五〇年代初めに、神託が伝えられる。今いずれ金持ちになろうとする者は、もはやクッペ山に行くのではなく、ブッシュを切るナイフで自分のコーヒー園を切り開かねばならない。そのとき富は止まないだろう。この啓蒙されたお告げに従った部族の仲間の多くは少なからずブッシュへと向かった。

「蛇」への奉仕による邪悪な富

しかし村での説明のつかない富を蛇の所有によって説明することは、今日に至るまで、はるかに緊急性を有しておりドラマティックである。その場合、「蛇」は言葉どおりにではなく、隠喩的に受け取られている。このいわくのありそうな動物は、例えば猿、巨大な蟹、あるいはムカデでもよい。氏族の誰かが、ヌディの祖先にするのと同じように、そのつど「蛇」に食事の供物と飲み物の供物を運ぶ。その代わり、蛇はその者を金持ちにする。その蛇への奉仕は公開されていてもよい。ただし、ヌディの場所でではなく、村の他の氏族が招待されるその蛇に奉仕する氏族の農家ではあるが。この祭りは、通常の死者との送別祭のように埋葬後の三日間をアヒーク（ahieg）と呼ぶのであるが、独特の二重底の特徴を持つ。誰も、金持ちになるために、「蛇」に供物を捧げていると公に認めてはいけない。むしろその者は、人間の祖先を偲び供物を捧げていると言う。これはアヒークではあるが、ヌディの場合と違って、決して祖先に祈りが向けられてはならない。しかし招待された者たちは――招待した者もそうだが――、その前では生きている者すべてが等しく扱われる人間の祖先を口実にして、実際は、そのひとりを金持ちにし他の者を貧しくする「蛇」にかかわっている、ということを知っている。

キリスト教徒である幾人かのバコッシと今も毎年ヌディに出かける昔からの信者との論争も、一貫して、村の対立を引き起こし社会的に統合を失わせるという「蛇」のこうした理解の線上にある。つまり、昔からの信者もなるほど公の祈りでは村の人間の祖先に供物を捧げたと主張した、しかし「実際には」まさにそこで個人的に村の共同体を犠牲にして超自然的な富を手に入れるために自らの「蛇」に餌を与えた。そのように訴えられた者たちがこの誹謗に対し力を込めて反論し、ヌディの祖先崇拝には秘密は何もなく二重底はないとして、その儀式の公的な性格を強調したということも、同様に筋が通っている。

まず問題となったその問い、祖先か蛇か、ヌディかアヒークかには、二つの答えが可能であり、思慮深いバコッシにも二つの答えが与えられる。少数派は次のように言う。ヌディは村全体を含むが、アヒークと蛇は単にそのつど個人の氏族を問題にし、その氏族はバコッシの村民より古いのだから、蛇への奉仕も古いに違いなく、それはバコッシの最も古い、最も原初的な宗教であったに違いない、と。しかし、大多数の者は反対に、ヌゴエ、即ち部族の祖先は、蛇のしもべではなかったと論証する。バコッシが近隣部族から学んで、古い原初的な宗教を乱した、村の調和をしだいに失わせる秘密の蛇への奉仕のはるか前に、彼の子供たちがまず最初に、ヌディで仲良く自分のそして他の祖先を偲ぶことを始めたのである。

いくつかの留保があるにしても、おそらく後者の議論がありそうなことであろう。それにもかかわらず、構造的にそしてシステム的に考えれば、すぐに次のことが付け加えられなければならない。つまり、かつて公の祖先への奉仕に秘かな蛇への奉仕がさらに加わり得たという事実が、ヌディだけが持っていたより古いより素朴なシステムの弱点と変わりやすさを示しているということである。村の死者を前にして総じて困窮した貧しい生活者たちが主張した統一と調和はもはや貫かれ得なかったので、そして氏族並びに個々人相互の対立と競争があるとき潜伏状態から出現しなければならなかったので、あるとき村の祖先に個々の氏族の蛇がさらに加わったのである。

さらに同じような考察の線上にあるのは、村における反社会的な傾向が蛇への奉仕で表現されればされるほど、ますますヌディがバコッシ宗教の統合的で社会的で道徳的で純粋な極にされ得たということである。ヌディの聖なる森の光と影の中で、キリスト教が入る前に既にバコッシにとって次のように考えることが可能であった。つまり、その貧しさを、もはや単に祖先の呪詛と理解するのではなく、ただ人間の祖先に仕えるだけで、その上さらに邪悪な富のために蛇に仕えているのではないという自己の純粋で完全な心の明らかな証拠と理解することである。貧しい者は善良な者である。有能さを疑わしいものにしそして少なくともルサンチマンに扉を開くこの信仰命題は、聖典を持たないアフリカの宗教においてもそして彼岸における代償理論がなくても、その魅力を示すことができる。

アーオン、金持ちの秘密同盟

最後に、バコッシ族の歴史における植民地化前の変遷という点に関して、所有と貧困の評価に大いにかかわりがあるのだけれども、しかし同じ程度にはバコッシの宗教の変遷にかかわりがない、なおひとつの出来事が挙げられなければならない。つまり、南西の近隣部族、バフォ（Bafo）の秘密同盟、アーオンの導入、もしくはより適切に言えば、購入である。口伝えの伝統は、これが「遅く」、つまりバコッシに白人がやって来るほんの数世代前に生じたということを、はっきりと覚えている。アーオンは富を意味する。同盟の構成員はノーオンであり、複数形はベーオン（Behon）、即ち「金持ち」である。アーオンとともに初めて、より洗練された文化のしるしである塩がバコッシに入ってきたと報告される。そしてまた、近隣部族に家畜もしくは農場の収穫でではなく、そのつどのアーオン祭で首をはねられその髑髏が秘密同盟の家に保管される奴隷で、代金が支払われねばならなかったと報告される。それ故アーオンは、バコッシ社会において、奥地から海岸への奴隷仲買業だけでなく、自らの奴隷取引を前提する。そしてこれは、労働力のためなんかではなく、アーオン祭で奴隷を殺すことができるためにである。それは生と死に対する力の実証のためである。ドイツの植民地時代になって初めて、この奴隷の殺害は村の公衆の面前から姿を消し、そして後になって全く消滅した、もしくは動物の屠殺で置き換えられた。

アーオン同盟には秘密の儀式があり、それは特に、莫大な物質的費用を必要とする数年に亘る新しい構成員の加入式にとって重要である。しかしその際、——明らかにここではひとつの目標に向かって努力するというごまかしの犠牲になったという初期の宣教師たちの想定に反して——決して新しい宗教が、もしくは蛇と同じように、単にまた新しい祭式が問題なのではない(10)。加入して来る者にしだいに明かされる彫られた立像や仮面は人々が祈りを捧げる偶像ではない。アーオン自体は、即ち「富」

は名称であり象徴価値である。それはよく仕え奴隷になることのできる何ものかである。それは丁度、聖書によれば「富（マモン）」に仕え信奉することができるのと同じである。しかしそれは後者と同じく、神ないし人格的な悪魔ではない。それ故、バコッシにアーオン同盟が導入されたのは狭い特殊な意味で宗教とかかわりがあるというだけのことである。もちろんその導入は、バコッシの個々の氏族に蛇崇拝が出現したのと並行して、村の貧富の社会的対立を固定化することへと、「金権政治」へと導いた。そしてその限りで、その導入が導いたのは、既に植民地化前に複雑になった村社会において、皆が共に祖先の加護を必要とする、ヌディに始まった昔からの自由と平等の理想が、ますます非現実的になり、失われた楽園——ひどい現在がもはや一致することができない楽園——になったということである。

3　現代のバコッシ：新しい富の祝福と呪詛

キリスト教の祈りの内容と近代化された村の祖先への祈りの内容

植民地化前の貧困と所有についての上述のような再現された衝突は、今日でも続いている。個人の富はそれが村の成員すべてに分かたれるとき、そしてそのときにのみ宗教的な恵みである。富が村の社会的な対立を激化させるなら、それは間違っており悪である。しかしこの衝突は今や根本的に変わり複雑になった全体状況に適合している。バコッシはまず植民地の連盟に、次に国際的な連盟に政治的に経済的に組み込まれた。西洋医学は子供の死亡率を劇的に下げ、生存見込みを増大させた。経済は基本的に、輸出のためのコーヒー栽培とカカオ栽培に決められている。プランテーションは家族所有である。キリスト教の伝道によって――最初はバスラー（Basler）、次にミル・ヒル・ファーザーズ（Mill Hill Fathers）――学校と教会ができた。キリスト教会での礼拝は、今日、バコッシの唯一の「公式な」宗教である。ヌディは単にまだ残っているだけである。収穫の感謝と収穫の願いは今や聖書の神に向けられている。バコッシの長老教会派教会の総収入の三分の一は収穫感謝の献金であり捧げものである。このことはおそらくキリスト教化したバコッシの次の命題の承認と見なされうる。つまり、神、ムワニャーメはヌディにおいても常に何らかの仕方で、祖先、ベニャーメの背後に存在したということ、そしてベニャーメからムワニャーメへと遡る道はその他にはなかったのだということである。

新しい信仰が昔の信仰をどのように深く変えたかということは、さまざまにそして一般的に議論の対象になっている。確かにキリスト教徒も日々のパンのために祈る。バコッシのキリスト教の祈りの内容は、かなりの程度まで昔のキリスト教前のままの祈りである。つまり、加護のためのそして人間や動物の後継者のための祈り、農場の豊かな収穫のための祈り、健康、お金、そして財産のための祈りである。懇願されるものではなくて、懇願の受取り手だけが変わった。逆に、ヌディが――元の形態であるいは近代化された「都会的な」形態で――なお生きている所ではどこでも、祖先への祈りは新しい関係に順応した。つまり、祖先は今や、かつては彼らの知らなかったコーヒー農園とカカオ農園を祝福するように言われる。そしてさらに、村に生まれる子供も、学校と大学で能力を実証して村全体の威信を高めるほどに賢い、という配慮をするように言われる。所有と教育は近くに並びあっている。

バコッシにとって比較的新しい宗教的問題が生じたのは、植民地時代以来そしてそれとともに古い形の部族戦争の終結以来、彼らの土地が近隣部族であるバミレケ、草原の民、そしてイーボ族の多数の移民を経験するという事情からである。これらの隣人は皆バコッシより商売がうまく市場を支配する。しかしバコッシは市場にはあまり深くかかわらない。なぜならバコッシは、昔から精神的な仕事と力を比較的高く評価し、民族的に普通以上に政治と教育制度に関与するからである。商売上手な隣人が――白人がではなく――バコッシの先祖伝来の肥沃な農地を購入して所有し、そのことによって多くの者が土地なしの貧乏になる場所が、まず危機的な状況になる。ずっと古い時代にというのではなく、バコッシが手に負えない自然から入植されていない土地を手に入れなければならなかったときに初めて、その土地は宗教的な財産になる。それは「神と祖先が我々に与えた」もので、聖別され、六〇年代にも時おり流血を伴う戦いで購入者から取り戻されることが試みられた。

所有と社会的な成功に対するアンビバレンス

今日のバコッシが有しておりまたそうである多くのもの、即ち富、それどころか贅沢や浪費が、昔の質素な生活と比べられる。アフリカの他の場所でのように人々は飢えてはいない。人々はもっと多く有している西洋の豊かな白人と比較するだけでなく、自らの祖先とも比較する。今日の水準と比べると、祖先たちは低開発であるだけでなく貧しい。しかし新しい豊かな生活の評価はアンビバレントである。バコッシにとって近代的な生活は、共同体を犠牲にして権力や名誉や富を手に入れるという個人のあらゆる可能性によって、不気味な非人間的な側面を持っている。人々は、都会や田舎での新しい恵みを昔からの恵みで健全な均衡にもたらす「調和的な発展」を望んでいる。[11] しかし、多くのことが家族や村の祖先の宗教的理想に一致するようには進まなかったし進んでいないということが、バコッシの知識階級にも知られている。村でのそして部族全体での貧富の対立はいっそう深まっている。全く近代的な途方もない競争を宗教的なつながりによって調整するという能力は、キリスト教化したバコッシにとっても本質的により増大したものとなっていない。ミッションスクールでのキリスト教教育に懐疑的ではあるが、実際には敵対的ではない知識人の多くは、ロマンティックな仕方で悲観的な、貴族的な態度を次のように表現している。即ち、現代のカメルーン社会において金持ちで支配的になるのは、高貴な者ではなくて、厚顔無恥な者である。それは、一部はまたファウストに似た人物を舞台にあげる近代的生活の物語において具体化する。もちろん、ファウストとは、知識と権力、所有と人間形成へのデモーニッシュな努力を細分化するのではなく、すべてを一手に持とうとするような人物である。

キリスト教のメッセージはバコッシに謙虚、素朴、精神的貧困を最も高い価値として告げ知らせた。そしてそのことによって同時に、バコッシのエートスのキリスト教以前の平等で統合的な傾向を強めた。しかし同時に、――ミッションスクールそのものとそれによる社会的上昇への促しによって――バコッシの古い信仰が魔術行為、呪術行為として恐れることを教えていた非統合的で無秩序的な傾向も強められた。ギムナジウムの教師、Th・S・アタベ（Atabe）は部族のひとりの仲間がミッションスクールから大臣職へと登りつめるさまを詩に描いている。旧約聖書の詩編作者への支持と祈り、即ち「私の心は高慢ではなく、私は大きなものを求めてはいない」ということが最初から彼をその道に導いたにもかかわらず、彼は謙虚に神と人間に仕えることができない。現代の、文学教育を受けたバコッシの作家は、「ルチファー」と「メフィストフェレス」を彼をだめにした原因とする。しかし同時に、近代の成功者とかつてバコッシで魔術師と呼ばれたものとのあいだには違いがわずかであることを暗示する。その秘密もまた野心、富と他者を支配しようとする意志であった(12)。すべての成功と所有が神の恵みなのではない。そして、すべての貧困が天罰なのではない。ここではアフリカ部族の聖典のない宗教が聖書の警告と出会う。

八　宗教的伝統における所有と貧困：要旨

ミヒャエル・クレッカー／ウド・トゥヴォルシュカ

人間が自由に使用する、ないしは自由に使用したいと思っている財産〔所有〕は、大昔の関係以来、繰り返し変わってきている。多かれ少なかれ社会的な不平等によって特徴づけられ、ますます複雑になる社会の枠の中で、人間は自然な必要を越えて多くの財を得ようと努力し、努力してきた。その際、今日でも社会的な評価が重要な役割を果たしている。(1) 動物界で優先的に求められる財（テリトリー、餌、魅力的なセックスパートナー）は、一方でははるかに予想を越えているが、他方ではまた厳しい禁欲的な生き方をしなければならないほどに拒絶されている。所有と貧困の格差、金持ちと貧乏人の格差が、いつからどのようにして広がったのかが、民族学的な領域研究の中心問題のひとつである。家族、氏族、ないし部族がまだ仲良く暮らし所有も共同的であった原始状態のモデルは、例えば、カメルーンの北西森林地帯に住むバコッシ族の村の祖先崇拝を前にして推測されよう。しかしこの実例は、聖典のない宗教におけるエートスと祭式を確実に再現するに際しての今日の排除しがたい困難をも証明している。皆共に祖先の加護を必要とする自由と平等の理想は、バコッシの植民地化前の複雑になった村落共同体において既に「迂回されて」いる。超自然的な富を獲得するために今日でも危険な秘密の「蛇への奉仕」（それだけではない）が、そのことを証明している。

「所有」、「富」という観念の日常的な使用と優先的に結びつけられるのが狭義の物質的必要であるとしても、広範な観念理解はなお非物質的な所有の諸形態に（宗教的、精神的な所有の諸形態にも）及ぶだろう。

所有の「所有権」[2]としての法律上の保証は、近代的・自然法的思想の影響の下に、政治、経済、社会、法律の自由主義的に特徴づけられた近代化の影響の下に（結局は私法的所有権と国権的所有権からの解放の下に）、最終的には、今日の市場経済的・資本主義的システムにとって典型的な、強力な、私的所有権の法的認可に達した。それに対して、今日でも最も重要な、「科学的社会主義」の先行的思想家であるカール・マルクスは、生産の社会的性格と取得の私的形式との相容れない対立のうちに資本主義的階級社会の根本的矛盾を見て取った。そして、無産者階級の利害の立場から社会主義的社会、最後には共産主義的社会への道を目指して、生産手段の私的所有の廃棄を要求した。

当該の所有権秩序における所有関係のさまざまな規定が、昔から、われわれが経済（＝物質的な人間的な必要の充足に役立つ設備や対策の総体的関係）のもとで理解しているものの本質を規定する基礎である。狭義にも広義にも経済と所有関係の決定因子として、今日でも宗教が確実にかなり重要なものとして数え入れられる。現在でも、大きなそして比較的小さな宗教共同体の影響が、決定的に重要な仕方で、一方では所有システムの安定化を、しかし他方ではまた固定化された社会的な関係や所有関係の弱体化を生じさせている。

人生の意味の仲介所としての宗教は、所有の意義や規定を極めて多様な仕方で深く考察し影響を与えた。ここに見いだされる幅広い思索は、物質的な所有に対するさまざまな態度に関して、類型的に区別されうる。つまり、宗教的構えにおいて、

—物質的所有を完全に肯定するもの、

—物質的所有を受け入れるに際して、なおこれをさまざまな度合いで危険なもの（従って物質的所有は、宗教的生活の本来の目標から注意をそらす危険がある、それどころか、物質的所有はこの目標の達成をおそらく全く阻むであろう）と捉えるもの、

—物質的所有を適度な、ないし徹底した激しさとそしてこの世での苦行で拒否するもの。

これらの構えは、必ずしも特定の宗教的伝統に明確に分類されるとはかぎらない。つまり、新種の経済関係への多様な仕方での適応というような場合の、弁証法的には統一的に理解されるにしても矛盾している中心的言明は、個々の宗教的伝統の内部でも、求められるべき所有関係に対する部分的に極めて多様な解釈へと導いた。

神の秩序の中で地上におさまっている各人にとって、神からの贈り物である所有への努力と所有を、まだ素朴で屈折のない仕方で肯定している典型を、我々は（ギュスターフ・メンシングの意味で）[3]「部族宗教」と「民族宗教」のうちに優先的に見いだす。所有の無条件な肯定がユダヤ教、初期段階でのイ

スラム教、並びにウパニシャッド神秘主義に至るまでのヴェーダの宗教を特徴づけている。富とその経済的・政治的過程とのつながりを肯定的に宗教が評価する始まりは、古代エジプトの危機と諸段階ではっきりと知られる[4]。イクナートン［アメンヘテプ四世］後の時代に「人々は一方では神を再びこの世界に持ち込むことによって、イクナートンに対してははっきりとした方向転換をなすが、他方では全くイクナートンの神学の意味で、神を超越的なものと見なす。神は常に同時に超越的であるが――汎神論的に考えられて――遍在である」[5]。この新しい神学は「個人的な敬虔さ」、宗教のさらなる倫理化の基礎となる。今やここに高貴と卑俗の異なった取り扱いが基礎づけられ、その上さらに、代償の思想、即ちこの世であまりにも罪深い金持ちがあの世で罰せられ、この世でとりわけ立派に振舞っている貧しい者が報いられるという思想が基礎づけられる[6]。ヘルムート・ブルンナーは古代エジプトにおける富に関する宗教的評価の激変を的確に示した。

「a　エジプトの宗教は所有への素朴な喜びから、従って富の高い評価から出発する。富は、地上で神の秩序に従っている者に与えられる神からの贈り物と理解される。

b　この富に対する評価の最初の始まりを示しているのが、富は人間が当てにしてその生活を築くことのできる安定したものではなく、むしろ神がそれを与えたように再びまた取り上げることができるという認識である。この経験はそのような喪失を単純に罪に対する罰と解することを禁じているのだから、エジプト人は遅くとも新王国のときに、神は人間の行為や心がけにかかわりなく貧しい者と金持ちを創造するという信念に到達する。それ故、貧困は恥ではなく、神によって割り当てられた担うべき運命である。

c　なるほど富は依然として常に追求する価値のあるものであるが、しかし宗教的な危機を隠すのに対して、貧困は――他の苦境と同様――人間をより厳しい困難へとそしてそれとともに特に神への緊密な依存へと導く。貧しい者は恩恵と助けに対して、不当に安全だと感じる金持ちよりもいっそう敏感である。

d　すべての時代を通じて、エジプト人は、神の命令として宗教的に基礎づけられた、貧しい者を助けるべき義務を感じていた。上述のbで述べられた一切の地上的な所有の不確実さの認識が精神的な共有財産とされたとき、さらに同胞愛が、誰も自分自身が助けを当てにしなければならない状況にいつ陥るか分からない、という黄金律から導かれた。

e　生前の所有状態の結果を死後、所有するという考え方については、エジプトでは三つの話の筋が並立して語られる。まず、地上の諸関係は死を越えて続くという素朴な筋道、次に、人間はあの世で人物あるいは身分の外見ではなくその行為と心がけによって判断されるという法的・倫理的な筋道、そして最後に第三に、後にそして付加的にではあるが、貧しい者は地上でのその好ましくない運に対してあの世で何らかの仕方で償われるという法的・社会的な筋道が語られる」[7]。

もはやそれぞれひとつの生命共同体そして同時に宗教・共同体に担われているのではなく、神もしくは神聖なものが普遍的に（全世界とすべての人間に）関係づけられ、そして「差しのべられた救済の獲得によって災いに満ちた実存の廃棄を問題にする」[8]「普遍宗教」においては、所有（＝「組み込まれていないものの典型」）に対して屈折した関係が支配的である。キリスト教のそれに対応した倫理は財産を持たない遍歴のカリスマであるキリストの出現であらかじめ特徴づけられている。キリストはなるほど使徒たちに同じ生活様式を求めるが、それでも禁欲的厳格主義者が要求する過激さで所有を否定してはいない。カトリックの倫理にとって次に挙げるものが「可能な二つのモデル」と見なされうる。即ち、一方では、アクィノのトマスの熟考である。それによれば財のよりよい利用のために私有財産の権利はあらゆる意味で必要である。他方ではまた、アッシジのフランチェスコによって追求され範を示された身体的精神的貧困である。キリスト教改革派の私有財産の肯定と修道士的禁欲生活の拒否は、世界におけるキリストのふさわしい働きという神学上の目標設定の前で理解されねばならない。例えば、ツヴィングリはルターと比べて、私有財産に対してかなりの蓄えを勧めた。イスラム教の所有に対する明白な肯定は、既にムハンマドが社会的な弱者を考慮しないことを弾劾することによって相対化されているのではあるが、後にイスラム神秘主義によってさらに苦行や世界放棄にまで変わっていく。支配する者が道徳的に正しい態度を実現することという中国古代の宗教伝統にあっては、所有と貧困は原則的に重要な問題ではないということがはっきり見て取れる。一方では、儒教倫理のよりこの世に目を向けた態度において、他方では、道家のこの世から顔を背けた内面化において。仏教では所有倫理が「組み込まれていない」ことは少数のエリートのみを想定している上座部・仏教（＝最も古い教団の道、部分的にはもっと普通の標記として「小乗仏教」）を目の前にして明らかになる。もちろんそれは、いかなる所有物も認めなかったに等しい。大乗仏教では僧侶的苦行者と並んで、所有が宗教的挑戦［目標］となる世俗的信者が現れる。二十世紀にはこの展開系列は徹底した社会政治的参加にまで至る。

仏教の僧侶は自発的な貧困を含む所有に対する禁欲の宗教的典型を、次のような特に分かりやすい外見で具体化する。つまり、苦悩を八正道で克服しようとする努力は、いまや僧衣、托鉢鉢、縫い針、数珠、かみそり、そして飲料水用の濾過器の所有を許すだけである。それでも、托鉢の際に布施者を当てにするということは、所有と貧困の相互の存在理由を示している。宗教的な動機ないし目標から自発的に求められた貧困の多様な現象形態は、（いくつかの中間段階を含めて）隠棲、僧侶共同体、そして社会への意識的参加にいたるまでのあいだで揺れている。

身体的・精神的貧困の生活の理想は、キリストの意識的なまねびであるアッシジのフランチェスコの意味で、社会の周辺集団への社会的な参加、参入を招きうる。中世の最盛期における数多くの修道会や平信徒運動（なかでも、カタリ派の信者、ヴァルド派の信者、ベネディクト教団の修道士、フランシスコ会修道士）の新約聖書や教父を引き合いに出しての貧困の理想化は、なるほど力のある豊かな指導階級によって担われたが、それでも決して社会の一般的な方向感覚を富や権力から背けさせることはできなかった。(9) 社会の宗教的モデルとしての自発的な貧困は、今日でも人間の所有癖に直面して実現されない理想であり続けている。

あらゆる宗教の神秘主義的な形成において、自発的な貧困は一般に、宗教的努力の――多かれ少なかれ幅広く行われた――基礎になっている。例えば、イスラムのスーフィーにあっては、禁欲と世界の放棄が神秘的合一の第一段階をなす。完璧な瞑想を伴う神秘主義的な敬虔さの段階は、最後には、フリードリッヒ・ハイラーがその両極性を一方は無限な充実、他方は無限な空虚と主張する[10]、エクスタシーないし涅槃にまで導く。

（個人の、〔公共の〕）財産もしくは他人の財産のための所有関係の基礎である労働は、宗教においてはその都度、中心的な目標設定――キリストのまねびにしろ一切の再具現化の彼方にある変わらぬ幸福にしろ――の下位に置かれる[11]。肉体的なそして／あるいは宗教上の／精神的な労働による救済への道は、主要な宗教的伝統の内部ではたいてい「組み込まれていず」、時の経過とともにしばしばかなり修正されてきている。産業の発達に導く労働精神に対して、非キリスト教的な伝統は距離を置いて離れているという西側に刻印された先入観は、例えば日本の「驚異的経済復興」を前にして取り下げられねばならない、少なくとも修正されねばならない。儒教的な秩序表象のそれなりの実現は、日本、韓国、台湾、そしてシンガポールにおいて、経済的な近代化の過程に対して、一見したところ有利に働いていることが分かる。現在支配的な産業システムの複雑な決定要因、そしてそのつど職業上の立場によって異なる仕事の要求の複雑な決定要因に直面して、個々の宗教的伝統が今日でも明らかに影響を及ぼしている特性、そして労働システムと社会システムの形成にそれが果たしている構成的な貢献を適切に評価することは、とても困難である。その際、諸宗教間の対比は顧慮されなくてよいというわけではない。例えば、労働を「キリスト教徒の足場」の中の「使命」とする宗教改革派の見解は、新仏教がなす生活をすべて聖化するということのうちに完全に平行関係を見いだす。宗教的伝統が就業努力、労働組織の近代的な諸形態に対してなす一方での関心と他方での基本的な保留についての研究は、マックス・ウェーバーによる結果として、社会学や宗教学の学者の中心的な問題となった[12]。一方では、主要な宗教的伝統における経済観の著しい「非組織化」と、他方では、複雑な影響が、ここでの単純な評価を禁じている。

そのつどの支配構造の枠内にある経済と社会の形態は、同時に所有関係を構成している。宗教の役割は、ここでは、現存する所有格差の認知、所有を公平に分配する社会システムの支持、そして所有の平等に対する急進的な構想にいたるまでの間で揺れている。事実的な所有関係がどの程度まで宗教的な理念／力によって影響を受けているのかということは、もちろんその都度の、宗教代表者の直接的（間接的）な影響力に依存している。例えば、中世には第三回ラテラノ公会議（一一九七年）が、引き続いてリヨン公会議（一二七四年）とビエンヌ公会議（一三一一年）が、貸付利子のすべてを暴利行為であると非難し、それを罪だと宣言した。それに対し、現実の経済では一〇パーセントから二〇パーセントの利率は珍しくなかった。そして、四四パーセントまた六五・六パーセント、それどころか苦境時には一〇〇パーセント以上の年最高利子が伝えられている[13]。もう一方では、経済倫理の宗教的規定に対する厳密な、しばしば文字どおりの固執に対して、変化したそして変化する経済関係への適合、あるいはまた、経済発展の固有力学に直面しての無力が対峙している。例えば、今日のイスラム教をみれば、リバーの禁止（暴利や利子の禁止）のコーランの定式はムハンマドの時代の諸条件に関係づけられており徐々に修正されてきているという指摘をした上で、厳格なリバーの禁止の環境、並びに今日の銀行業務に対するイスラム教に基づいた利子の禁止がある。宗教の歴史からさらにもう一つ例を挙げれば、ヘロデ王のもとでのユダヤ国家の原始資本主義的経済においては、所有や資本の振替えによる、宗教に由来する賦課金の廃止が最も広く行き渡っていた。今日のイスラエルでは、土地、固定資産、そして利子所得に対する昔からの宗教的な賦課金を厳密に守ろうとする厳格な正統派の努力が目につく。

原始民族の魔術と宗教を目にして明らかになることは、既に素朴な文化において、宗教代表者と経済とのあいだに緊密な関係が成立していて、利益になる職務が宗教を脅かしているということである。ポール・ラディンは中部南カリフォルニアのヨクーツ族の民族学的研究を例として挙げる。その研究は、「まじない師」としても登場する「シャーマン」と部族の首長とのあいだの緊密な関係を明らかにする。ひとりの原住民がこのことについて的確に報告している。

「ひとりの男を、特に金持ちの男を踊りに参加させず、族長とまじない師が、この男もしくは家族の成員のひとりを病気にすることを決めた。……それからまじない師は、治療のために彼を呼びに来させ、その犠牲者を治すために、数回続けて訪問するよう企て、そしてその度ごとに奉仕に対して支払わせるというように配慮する。まじない師は、その男が財政的に破産するかあるいは借金状態になるまで、治療を長引かせる。そして患者を治すときには、まじない師は、ニゴト（nigot）（霊）あるいは源（霊）が病気を引き起こしたのだと言って、周囲の人たちの前で病巣から毒を吸い出す。しかしまじない師は患者を死なせることもできる。それで家族の者全員は葬式に参加させられることになる。このような場合にまじない師が受け取った報酬は、族長と分けられる。犠牲者の親族が仕返しをしようとして、族長の許可を必要とするとき、族長は証拠が不十分なことを理由に同意を拒む。まじない師は、ニゴト（霊）がこの病気を引き起こしたのだということを、ひょっとして明瞭に示さなかったのだろうか[14]」。

資本主義（個人資本が優勢で、利益の極大化の努力を伴う営利経済学に方向を定めている）と社会主義（個人の利益を求める動機づけを共同体の福利を脅かすものとして一貫して排除する。特殊形態はマルクス・レーニン主義理論の意味での社会主義）の複雑な近代の経済システムは、その多様な中間段階を含めて、現代の宗教にとって、大々的な倫理的挑戦となっている。宗教に見いだすべき、人間的なそしてまた社会主義的な目標設定への言及は、宗教の中心的言明の「内部」からそのつど解釈されなければならない。エルサレムのキリスト教的原始共同体における「愛の共産主義」（間近な神の支配を期待する完全な財産共同体）並びに「アラビア社会主義」の特にイスラム的展開、あるいはビルマのウー・ヌの仏教的に理解された極左主義は、この巻で、そのつどの宗教的な特色の中で明示されている。

われわれは貧困ということを最も狭い意味で、肉体的な最低生活費の不足と理解し、さらにその上、生活の質のさまざまな次元に関する物質的／非物質的欠乏と理解する（例えば、食べ物、衣服、住宅関係、仕事、労働条件、社会保障、健康、教育、自由時間、社会的なつながり)[15]。境界線を引くことはかなりの「大問題」を引き起こす。しばしば主観的な印象と客観的な判定は異なっている。貧困の強度にとって確かなのは、決定的な意味をもつ持続期間である。

中世後期の諸都市に始まり、近世に広く普及したヨーロッパの社会政策の近代化は、主な特徴(教育や強制によって仕事をするように促される仕事嫌いの選別、そして地方自治体ないし国家的な枠内での貧民の世話の制度化)を伴って、結局は、「世俗的な福祉国家」へと導いた[16]。たとえ、十九世紀の西ヨーロッパと北アメリカにおける低い雇用率とひどい貧困の打開策としての工業化が、資本主義的経済と多かれ少なかれ社会保険の原理によって特徴づけられた、近代的な社会保障システムを前景に出してきたとしても、今日でもなお、宗教の社会政策的な貢献は、これから先も(部分的には「現実に存在する社会主義」の国家でも)肯定されるし、幅広く役立たせられる。

宗教の貧しい者への配慮は、なるほど宗教倫理の主導的な中心思想であると言われるのであるが、しかしここにはまた、援助を必要としていると認められる貧困と援助の形態に関して、かなりの区別があることが見過ごされてはならない。例えば、宗教的な救いの道である自発的な貧困は、優先的に扱われたり、受け入れられたり、否認されたりする。愛や慈善行為や同情を示さなければならない金持ちの対象としての貧しい者の役割は、宗教においても、本人に責任のある(=援助されるべきではない)貧者と本人に責任のない(=援助されるべき)貧者とのあいだに部分的に明確な境界線がひかれる。本人に責任なく困窮している隣人に対して宗教的に命じられた対策や施設は、この巻の項目の中でそのつど詳しく伝えられている。

困窮している者への配慮、それは複雑な国家システムの内部で（それ故部分的に最も異なった制約枠のもとで）今日の宗教に、一方では経済政策や社会政策の方針に影響を及ぼし、他方ではいくつかの施設を拡張するか、ないしは建設するかするようにと、挑戦している。この巻のカトリシズムとプロテスタンティズムの寄稿論文において、キリスト教的責任の視点から、飢餓と搾取の極端な形態を含めた経済システムの世界的な緊密なつながりから第三世界に生じている宗教的な課題が強調される。カトリシズムでは一九七〇年頃南アメリカで、貧困と抑圧から生じた「解放の神学」を前にして、カトリックの教会代表者によってその課題が論争的に議論されている。その際、マルクス主義に対する嫌疑と非難がひとつの役割を果たしている[17]。この神学の方法論を、最近、イエズス会のハンス・ヴァルデンフェルスが二重の手がかりから規定した。つまり、

> 「神学外の、ないし神学前の視点、即ち貧しい者の経験と、そして神学的な視点。そこでは貧しい者の経験が『神学的に』、即ち神の眼で見られ、福音にふさわしい解放の行為が基礎づけられる。事態に対するこの省略的な視点は、彼らの側ではまず、公会議の牧歌的な教皇令『喜びと希望』の模倣にも見られる。そこでは第四条に簡潔な定式が見られる。即ち、『ときの兆しを見、そして福音の光に予感する』。

神学的・学問的地平に移し換えられて、社会の神学外的に見える状況に関して、社会分析への要

請が生じ、神学外的経験と神学的経験の媒介の問題に関して、適切な解釈学への要請が生じる。両者が相まって、――社会分析の具体的な道具立てに左右されずに――キリスト教の新しい解釈へと導く。というのも、キリスト教は、具体的な歴史的文脈のなかで伝えられるやいなや、無時間性を失い、そのつど新たに受肉化するからである」[18]。

このような「解放の神学」との平行関係を、われわれは他の主要な宗教的伝統のうちにも見いだす――例えば、手本とすべき、政治的社会的に一貫した参加に挑む社会改革者をムハンマドのうちに（そしてイエスのうちにも）見るムスリムにおいて、あるいは――「インド憲法の父」アンベードカルに指導された新仏教運動のような――仏陀を同じように社会改革者と理解する仏教徒において[19]。所有と貧困の評価の基準であるそのつどの正当な（不当な）社会諸関係――この倫理的な宗教的構えを、例えば、孔子は真の君子のための指導原理の枠の中で、次のように簡潔にしてかつ的確に要約した。

「国に（正しい）道があるとき、
貧しくかつ賤しきは、恥なり。
国に（正しい）道がないとき、
富かつ貴きは、恥なり」[20]。

注

訳者まえがき

（1）『科学技術のゆくえ』（加藤尚武・松山壽一編、ミネルヴァ書房）「科学技術と倫理」（加藤尚武、三二六頁）参照。

一章

（1）この分析的モデルはタルコット・パーソンズの仕事のおかげである（例えば、次のもの参照、》Action Theory and the Human Condition《, New York - London 1978）。

（2）Siehe L. Mars, What Was Onan's Crime ? in: Comparative Studies in Society and History 26 (1984), pp. 429-439.

（3）Siehe G. Wanke, Bundesbuch, in: TRE 7, 1981, S. 412-415.

（4）Vgl. M. Wischnitzer, Tithe, in: Encyclopaedia Judaica 15, 1978, p. 1160.

（5）Siehe H. G. Kippenberk, Religion und Klassenbildung im antiken Judäa, 2., erw. Aufl., Göttingen 1982, S. 65.

（6）Vgl. G. J. Botterweck, 'aebjōn, in: ThWAT 1, 1973, S. 38.

（7）Vgl. M. Elon, Takkanot, in: The Principles of Jewish Law. Ed. by M. Elon, Jerusalem 1975, p. 78.

（8）Vgl. G. Caro, Sozial- und Wirtschaftsgeschichte der Juden im Mittelalter und der Neuzeit, I, Hildesheim 1964 (Nachdr.), S. 31.

(9) Siehe S. W. Baron, Economic History, in: Encyclopaedia Judaica 16, 1978, p. 1276ff.

(10) Vgl. J. Neusner, Max Weber Revisited: Religion and Society in Ancient Judaism, in: Second Century 1 (1981), p. 75.

(11) Siehe T. Marx, Priorities in Ẓedakah and Their Implications, in: Judaism 28 (1979), p. 86.

(12) Vgl. I. Twersky, Some Aspects of the Jewish Attitude Toward the Welfare State, in: Poor Jews: An American Awakening, ed. by N. Levine and M. Hochbaum, New Brunswick 1974, p. 75.

(13) Siehe Marx, a. a. O., S. 80. 貧しい者に与えることについての法律は彼の法規集，ミシュナ・トーラーの七巻，Hilkhot Mattenot Anijjim に見いだされる。(engl. Übers.: The Code of Maimonides. Book 7: The Book of Agriculture. Transl. by I. Klein, New Haven - London 1979, p. 45ff.).

(14) Siehe 》Führer der Unschlüssigen《, 3. Buch, Kap. 35 u. 39 (dt. Übers. und Kommentar von A. Weiss, Hamburg 1972).

(15) Siehe S. W. Baron, The Economic Views of Maimonides, in: ders., ed., Essays on Maimonides: An Octocennial Volume, New York 1941, pp. 137, 140.

(16) Zit. bei E. Frisch, An Historical Survey of Jewish Philanthropy, New York 1924, p. 62f.

(17) これについては次のものを見よ。 Hauptwerke der hebräischen Literatur. Hrsg. von L. Prijs (Edition Kindlers Literaturlexikon), München 1978.

(18) Siehe A. Cronbach, Social Thinking in the Sefer Ḥasidim, in: Hebrew Union College Annual 22 (1949), pp. 1-147.

(19) Siehe L. Finkelstein, Jewish Self—Government in the Middle Ages, Westport, Conn., 1972 (reprint), p. 59ff. 185 A 3. pp. 218-256.

(20) Siehe I. Levitats, Hekdesh, in: Encyclopaedia Judaica 8, 1978, p. 286f.

(21) Vgl. E. G. Lowenthal, Angewandte 》Zedaka《, in: Monumenta Judaica. 2000 Jahre Geschichte und Kultur der Juden am Rhein. Handbuch, hrsg. von K. Schilling, Köln 1963, S. 587.

(22) Zit. bei I. Elbogen, Ein Jahrhundert jüdischen Lebens, Frankfurt 1967, S. 229.
(23) Zit. bei J. Thorwald, Das Gewürz. Die Saga der Juden in Amerika, Locarno 1978, S. 223.
(24) The Stigma of Poverty. A Critique of Poverty Theories and Policies, 2nd ed., New York u. a. 1983, p. 137.
(25) Siehe E. Orni, Bodenreform und sozialer Fortschritt in Israel, Jerusalem 1973.
(26) Siehe J. Habib, Transfers and the Poverty Problem: An Evaluation of Alternatives, in: Issues in the Economy of Israel, ed. by N. Halevi and Y. Kop, Jerusalem 1975, p. 129ff.
(27) 安息年、休耕年。
(28) アグダー、あるいはアグダー・イスラエル（イスラエル団）は一九一二年にカトヴィツェで創設され、宗教法の指示を厳密に遵守することを支持する正統派ユダヤ人の団体である。それはまたイスラエルで政党政治的に活動している。
(29) 朝の祈りと午後の祈りのあいだに差しはさまれる追加の祈りである。

二章

(1) Kerber, W., u. a., Armut und Reichtum, in: Christlicher Glaube moderner Gesellschaft, Bd. 17, Feiburg ^{2}1981, S. 79-122, 82.
(2) Hoffmann, P./Eid, V., Jesus von Nazareth und eine christliche Moral, Feiburg ^{2}1975, S. 31.
(3) ebd.
(4) ebd.
(5) 旧約聖書の所有と貧困に関するさらなる証言についてはこの巻の一章「ユダヤ教」を見よ。
(6) Merkel, H., Art.: Eigentum Ⅲ. Neues Testament, in: Theologische Realenzyklopädie (TRE), Bd. 9, S. 410-413, 410.
(7) ebd. S. 411.
(8) Hengel, M., Eigentum und Reichtum in der frühen Kirche, Stuttgart 1973, S. 35.

(9) vgl. ebd. S. 35f.
(10) Merkel, a. a. O., S. 412.
(11) Theißen, G., Soziologie der Jesusbewegung, München 1977, S. 107.
(12) vgl. Hengel, a. a. O., S. 60f.
(13) Merkel, a. a. O., S. 413.
(14) Hoffmann/Eid, a. a. O., S. 33.
(15) ebd. S. 32.
(16) Keck, L. E., Art.: Armut III. Neues Testament, in: TRE; Bd. 4, S. 76-80, 78.
(17) ebd.
(18) ebd. 76; ngl. Hengel, a. a. O., S. 39-42.
(19) Hengel, a. a. O., S. 43.
(20) Die Zwölfapostellehre. Aus dem Griechischen übertragen, eingeleitet und erklärt von L. A. Winterswyl, Freiburg [2]1954, S. 22.
(21) Aristides, Apologie, 5, 7 bei Hengel, a. a. O., S. 50.
(22) Hengel, a. a. O., S. 54.
(23) ebd. S. 60.
(24) ebd. S. 65.
(25) ebd.; vgl. auch Theißen, a. a. O., S. 108ff.
(26) Kerber, a. a. O., S. 97.
(27) Hengel, a. a. O., S. 70.
(28) ebd. S. 73f.
(29) Kerber, a. a. O., S. 102.
(30) Hauschild, W.-D., Christentum und Eigentum, in: Zeitschrift für evangelische Ethik, 16 (1972), S. 34-49, 37.

(31) ebd. S. 43.
(32) ebd.
(33) ebd. S. 47.
(34) Flood, D., Art.: Armut Ⅵ. Mittelalter, in: TRE, Bd. 4, S. 88-98, 89; vgl. zum gesamten Zeitraum die umfassende Darstellung von Michel Mollat, Die Armen im Mittelalter, München 1984.
(35) ebd.
(36) Belege bei F. Curschmann, Hungersnöte im Mittelalter, Leipzig 1900.
(37) Flood, a. a. O., S. 91.
(38) Flood, a. a. O., S. 92.
(39) vgl. Friedberger, W., Der Reichtumserwerb im Urteil des Hl. Thomas von Aquin und der Theologen im Zeitalter des Frühkapitalismus, Passau 1967, S. 15f.
(40) Franziskus, Testament bei: Hardick, L., Art.: Armut II: Theologisch, in: Handbuch theologischer Grundbegriffe, Bd, 1, München ^{1}1970, S. 130-136, 134.
(41) Flood, a. a. O., S. 94; vgl. Kerber, a. a. O., S. 104.
(42) Flood, a. a. O., S. 95.
(43) Kerber, a. a. O., S. 105.
(44) S Th II-II, 66, 1 a. 1.
(45) ebd.
(46) ebd. q. 66 a. 2.
(47) ebd.
(48) Goertz, H.-J., Art.: Eigentum Ⅴ. Mittelalter, in: TRE, Bd. 9, S. 417-423, 421.
(49) S Th II-II q. 66 a. 2.
(50) Klüber, F. Art.:Eigentum, in: Handbuch theologischer Grundbegriffe, Bd. 1, München ^{1}1970, S. 283-291, 288.

(51) S Th II-II q. 66 a. 7.

(52) ebd.

(53) Kerber, a. a. O., S. 106f.

(54) Beutter, F., Die Eigentumsbegründung in der Moraltheologie des 19. Jahrhunderts (1850-1900), München 1971, S. 141.

(55) ebd. S. 148.

(56) Nell-Breuning, Osw. von, zit. bei: Pfürtner/W. Heierle, Einführung in die katholische Soziallehre, Darmstadt 1980, S. 76.

(57) Vatikanum II. Vollständige Ausgabe der Konzilsbeschlüsse, hg. v. A. Beckel u. a., Osnabrück 1966, S. 236-373, 340 (Art. 71).

(58) Weber, W., bei Pfürtner/Heierle (Anm. 56), S. 79.

(59) Enzyklika 》Populorum progressio《, Nr. 24, in: Texte zur Katholischen Soziallehre, hg. v. Bundesverband der Katholischen Arbeitnehmer-Bewegung (KAB) Deutschlands, Kevelaer [5]1982, S. 435-470, 444.

(60) Die Evangelisierung Lateinamerikas in Gegenwart und Zukunft. Arbeitsdokumente der III. Vollversammlung des lateinamerikanischen Episkopats in Puebla (13. Februar 1979), Deutsche Übersetzung der durch den hl. Vater am 23. 3. 1979 approbierten Fassung, hg. v. Sekretariat der Deutschen Bischofskonferenz, Bonn 1979, Nr. 1134-1156 (in Auszügen).

(61) Der Hirtenbrief der katholischen Bischofskonferenz der USA (erste Fassung), in: Die Armen müssen Maßstab sein. Dokumente eines Konflikts, Frankfurt [2]1985, 7-149, Nr. 54; S. 207; 208-216 in Auszügen.

(62) Zit. in: Publik-Forum 14 (1985), H. 16, S. 8.

三章

(1) Gerhard von Rad, Theologie des Alten Testaments, Bd. 1, München 1962, S. 413.

(2) G. von Rad, Theologie Bd. 1, S. 414.

(3) Diethelm Michel, Artikel Armut, Theologische Realenzyklopädie Bd. Ⅳ, 1979, S. 76.

(4) Leander E. Keck, Artikel Armut, Theologische Realenzyklopädie Bd. Ⅳ, 1979, S. 79.

(5) Robert M. Grant, Christen als Bürger im Römischen Reich, Göttingen 1981, S. 103.

(6) David Flood, Artikel Armut, Theologische Realenzyklopädie Bd. Ⅳ, 1979, S. 88. (Die 》pauperes Christi《 sind die um Christi Willem Armen.)

(7) G. Krause, Artikel Armut, Theologische Realenzyklopädie Bd. Ⅳ, S. 100 (theologia crucis=Kreuzestheologie).

(8) G. Krause, Armut, S. 101.

(9) Vgl. R. Kramer, Arbeit, Göttingen, 1982, S. 21ff.

(10) Helmut Thielicke, Theologische Ethik, Bd. II, 2, Tübingen ^{2}1958, § 1969.

(11) Thielicke, Ethik § 1977.

(12) Thielicke, Ethik § 1978.

(13) Kommission für kirchlichen Entwicklungsdienst (CCPD) des Weltkirchenrates (ÖRK) 》Für eine mit den Armen solidarische Kirche《 epd Dokumentation 25a/80 I n. 5ff.

(14) Ökumenischer Rat der Kirchen (Hrsg.), Die Kirche als Faktor einer kommenden Weltgemeinschaft, Stuttgart/Berlin 1949, S. 19f.

(15) Bericht aus Vancouver 1983 (Herausgegeben von W. Müller-Römheld) Frankfurt 1983, S. 190.

(16) Gütersloh 1972.

(17) Hans Zwiefelhofer, Neue Weltwirtschaftsordnung und katholische Soziallehre, München 1980, S. 118.

(18) epd Dokumentation I, 5.

(19) ebenda.

(20) Die Denkschrift der Ev. Kirche in Deutschland, Soziale Ordnung, ^{2}Gütersloh 1978, S. 19ff.

(21) Solidargemeinschaft von Arbeitenden und Arbeitlosen, (Hrsg. Kirchenkanzlei der EKD), Gütersloh 1982.

四章

(1) M. Watt, Islam and the Integration of Society, London 1961, p. 45.

(2) T. Nagel, Der Koran. Einführung, Texte, Erläuterungen, München 1983, S. 89.

(3) H. Grimme, Mohammed, Münster 1892-95.

(4) z. B. Ch. Muhyī ad-Dīn, Muhammad und die soziale Gerechtigkeit, in: Muhammad: eine zeitgenössische und neue Theorie (arab.), Beirut 1972, p. 46f. und M. Shalabī, Der Sozialismus Muhammads (arab.) Kairo 1966.

(5) W. Ule, Der arabische Sozialismus und der zeitgenössische Islam, Opladen 1969.

(6) vgl. 2,270; 3,92; 4,130; 6,133; 14,8; 22,63; 27,40; 31,11; 47,40; 60,6.

(7) Th. Lohmann, Die Gleichnisrede im Koran, in: Bellinger (Hg.), Gleichnisse der Weltreligionen, S. 92.

(8) vgl. 2,2; 8,3; 14,36; 22,29,36; 35,26; 63,10.

(9) vgl. 9,18; 19,32; 21,73; 22,78; 23,4; 24,36f; 24,55; 27,3; 30,38; 31,31; 41,6.

(10) M. Areeparmpil, Views on Poverty in Islam, in: Islam and the Modern Age 8 (1977) 3, 21.

(11) U. Haarmann, Die Pflichten des Muslim-Dogma und geschichtliche Wirklichkeit, in: Saeculum 26 (1975) S. 95-110. Siehe auch P. Antes, Islamische Ethik, in: Ders. u. a., Ethik in nichtchristlichen Kulturen. Stuttgart 1984, S. 64ff. - Vgl. auch V. Nienhaus, Islam und moderne Wirtschaft, Graz u.a.1982. - Ders., Literatur zur islamischen Ökonomik in Englisch und Deutsch, Köln. 1982. - Ders. / H. Vöcking, Zakāt: Das islamische Steuerwesen (=CIBEDO-Texte Nr. 18) 1982 (insbesondere über neuere 》Bemessung und Verwendung《 sowie ihre Auswirkung auf die 》soziale Sicherheit《 und 》Verteilung und Wachstum《).

(12) H. Kaleši, Art. Fromme Stiftungen, in: K. Kreiser, W. Diem, H. G. Majer (Hg.), Lexikon der islamischen Welt, Bd. 1 Stuttgart 1974, S. 183ff. siehe auch G. Busson de Janssens, Les waqfs dans l' Islam contemporain, in: Rēvue des Etudes Islamiques 19 (1951) 1-72,21 (1953) pp. 43-76.

（13）Ule, a. a. O., S. 41.
（14）Vgl. ebd. S. 46ff.
（15）Zur Mystik allgemein siehe: A. Schimmel, Mystische Dimensionen des Islam, Köln 1985 (amerikanische Originalausgabe Chapel Hill 1975). [Lit.]. Vgl. auch Tor Andrae, Islamische Mystik, Stuttgart ^{2}1980.
（16）R. A. Nicholon, 》Asceticism《, in: Hastings (Hg.), Encyclopaedia of Religion and Ethics, Bd. 2, Edinburgh 1909, p. 100.
（17）Schimmel, a. a. O., S. 180.
（18）Areeparmpil, a. a. O., S. 18f, 27.
（19）Cl. Cahen, Der Islam I. Vom Ursprung bis zu den Anfängen des Osmanenreiches, Frankfurt 1968, S. 213ff.
（20）J. Reissner, Die innerislamische Diskussion zur modernen Wirtschafts- und Sozialordnung, in: W. Ende, U. Steinbach (Hg.), Der Islam in der Gegenwart, München 1984, S. 156.
（21）Ebd., 157.
（22）K. Karpat (Hg.), Political and Social Thought in the Contemporary Middle East, New York/London 1968, p. 122ff.
（23）ドイツ中近東研究所（ハンブルグ）は『現代中近東の資料サービス——厳選された最新の文献』を三ヵ月ごとに公刊しており、それは今日のイスラム世界の諸問題に徹底的に取り組むために不可欠である。
（24）Auszug aus dem Manifest der Partei der Jamaat-e-islami, in: D. Khalid, Die politische Rolle des Islam im Vorderen Orient, Deutsches Orient-Institut, Hamburg 1978, S. 156.
（25）Islamische Grundsatzerklärung, zitiert in: Cibedo Texte Nr. 4 vom 15. Juli 1980, S. 12ff.

五章

（1）「自然とは、信仰によって既にこの世で我々のこころと阿弥陀のこころとが一致していることであり、達せられた阿弥陀との一性であり、達せられた『無限なものとの調和』である」（歎異抄　五九頁）。

（2）「仏教外の世界」（外道）ということで信仰の道以外の生活圏が考えられており、そこには非仏教徒が住んでいる（歎異抄　五九頁参照）。
（3）改名した。
（4）一九七一年十月十三日、創価学会の第三代会長、池田大作とR・イタリアアンダーとの対話から。イタリアアンダー、一九七三年、一六九―一七〇頁からの引用。
（5）公明党――クリーンな政党、東京、一九七一年から。イタリアアンダー、一九七三年、一二五―一二六頁からの引用。
（6）(Edsmann 1976, S. 85 u. 86).

引用文献

Barth, Karl: Kirchliche Dogmatik, Band Ⅰ, 2. Zollikon-Zürich 1948.
Benz, Ernst: Buddhas Wiederkehr und die Zukunft Asiens. München 1963.
Conze, Edward: Der Buddismus. Wesen und Entwicklung. 2. Aufl., Stuttgart 1953, Urban-B. Nr. 5.
Dumoulin, Heinrich(Hrsg.): Buddhismus der Gegenwart. Freiburg 1970.
Edsman, Carl-Martin: Die Hauptreligionen des heutigen Asien. Uni-Taschenbucher 448, Tübingen 1976.
Grimm, Georg: Die Lehre des Buddha. Wiesbaden o. J.
Gundert, Wilhelm: Japanische Religionsgeschichte. Stuttgart 1943.
Haasch, Günther: Japan. Zur Politik und Zeitgeschichte 42. Berlin 1982.
Hanada Nobuhisa u. Hamer, Heyo E.: Das Spiel mit der Bambusflöte. In: Handbuch der Spielpädagogik, hg. v. K. J. Kreuzer, Bd. 3, Düsseldorf 1984, S. 301-310.
Italiaander, Rolf: Sokagakkai, Japans neue Buddhisten. Erlangen 1973.
Kohler, Werner: Die Lotus-Lehre und die modernen Religionen in Japan. Zürich 1962.
Mensching, Gustav: Buddhistische Geisteswelt. Baden-Baden 1955.

Rosenkranz, Gerhard: Der Weg des Buddha. Stuttgart 1960.
Suzuki Daisetz Teitaro: Zen und die Kultur Japans. rororo rde 66. Hamburg 1958.
Tannisho, Das Büchlein vom Bedauern des abweichenden Glaubens. (übersetzt von E. Ikeyama). Tokyo 1965.
Watts, Alan W.: Zen-Buddhismus. Rororo rde 129/130. Hamburg 1961.
White, James W.: The Sokagakkai and Mass Society. Stanford 1970.

六章

(1) Lun-yü［論語］16:2; chinesischer Text und englische Übersetzung bei J. Legge, The Chinese Classics, Vol. I, Hongkong 1960; zur konfuzianischen Lehre s. Peter J. Opitz, (Hrsg.), Chinesisches Altertum und konfuzianische Klassik, München 1968, H. G. Creel, Confucius and the Chinese Way, New York 1949.
(2) Lun-yü, 12:17.
(3) Lun-yü, 4:5.
(4) Lun-yü, 7:15.
(5) Lun-yü, 4:9.
(6) Lun-yü, 1:15; vgl. dazu auch Lun-yü, 14:10-11.
(7) Lun-yü, 8:13.
(8) Meng-tzu, I B V［巻第二　梁恵王章句　下］; chinesischer Text und englische Übersetzung bei J. Legge, a. a. O., Vol. II; s. auch R. Wilhelm, Mong Dsi, Jena 1916.
(9) Meng-tzu, III A 3［巻第五　縢文公章句　上］; s. auch II B 10［巻第四　公孫丑章句　下］.
(10) Hsün-tzu［荀子］V 14; deutsche Übersetzung von H. Köster, Hsün-tzu, Steyler Verlag 1967 (=Veröffentlichungen des Missionspriesterseminars St. Augustin, Siegburg, Nr. 15); S. 121.
(11) Hsün-tzu, II, 16 (S. 19).
(12) Hsün-tzu, VIII, 5 (S. 65-66).

(13) Hsün-tzu, XXIII, 16 (S. 313)(Hervorhebungen von mir, P. J. O.); s. in diesem Zusammenhang auch XV, 29 (S. 199-200).

(14) Tao-tê-ching, Kap. 34［老子　第三十四章］; chinesischer Text und französische Übersetzung in: J. J. L. Duyvendak, Tao Tö King, Le Livre de la Voie et de Vertu, Paris 1953. Die folgenden Zitate sind der Übersetzung von G. Debon, Lao-Tse, Das Heilige Buch vom Weg und von der Tugend, Stuttgart 1961, entnommen. Allgemein zum Tao-tê-ching s. Peter J. Opitz, Lao-tzu. Die Ordnungsspekulation im Tao-tê-ching, München 1967.

(15) Tao-tê-ching, Kap. 57［老子　第五十七章］.

(16) Tao-tê-ching, Kap. 9［老子　第九章］.

(17) Tao-tê-ching, Kap. 56［老子　第五十六章］.

(18) Chuang-tzu, XVII, 10［荘子　秋水篇　第十七　五］, wird im folgenden zitiert nach der deutschen Übersetzung von R. Wilhelm, Dschuang Dsi. Das wahre Buch vom südlichen Blütenland, Düsseldorf und Köln 1909.

(19) Chuang-tzu, Ⅵ, 5 (S. 92-93)［大宗師篇　第六　七］.

(20) Chuang-tzu, XXIII, 2 (S. 245)［雑篇　第二十三　四］.

(21) Chuang-tzu, XXX, die deutsche Übersetzung orientiert sich an The Complete Works of Chuang-Tzu. Translated by B. Watson, New York/London 1968, S. 259.

七章

(1) 全体的な概観として、とりわけ、J・S・ムビティ『アフリカの宗教と哲学』（ロンドン、一九六三年）が不可欠である。その他に、E・ダムマン『アフリカの宗教』（シュトゥットガルト、一九六三年）を参照。ムビティもダムマンも「所有と貧困」というテーマに特別な注意を払ってはいない、即ち彼らにおいても祭式と個々の生活サイクルについての情報は間接的に求められねばならない。

(2) G. Balandier, Sociologie actuelle de l'Afrique noire, (1955) ^{2}1971 p. 492.

（3）バコッシ社会のより立ち入った描写並びに一次的二次的なあらゆる情報源として、全般的にH・バルツ「信仰はどこで生きねばならないか」が参照されるだろう。『バコッシの社会と宗教の研究』（「第一部、共に生きること」、バーゼル／シュトゥットガルト、一九八四年、四〇四頁）。バコッシの古い宗教を対象にする第二部は出版準備中である。

（4）例えば、Fr. Autenrieth, Ins Inner-Hochland von Kamerun, Stuttgart 1900; そして J. Gutekunst, Am Fuße des Kupe. Skizzen über Land, Leute und Missionsarbeit im Nkosiland in Kamerun, Basel 1913.

（5）ヌゴエ伝説の伝承と社会的機能については、バルツ、四三―六一頁参照。理念的理論並びに今日の修正された現実におけるバコッシの父系的血縁システムはM・D・レヴィン『バコッシの家族構造』(Social Change in an African Society, Ph. D. Diss Princeton 1976, pp. 97-209) で詳細に分析されている。

（6）ヌディについては差し当たり次のもの参照。Gutekunst S. 29-31; J. Ittmann, Von Totengebräuchen und Ahnenkult der Kosi in Kamerun, in: Africa (London) 1956, pp. 380-397, und H. Balz, Begegnung von Religionen - ein Bericht aus Kamerun, in Text und Dokumente, hrsg. durch die Basler Mission, Nr. 5/1985 S. 26-42.

（7）ムバンクムについてはバルツ（1984 pp. 252-278）参照。

（8）魔術師のこの側面や他の側面、その儀式上の戦いや心理社会的な「現実」についてはバルツ（pp. 319-390）参照。

（9）これについては次のものが扱っている。E. Ardener, Witchcraft, Economics and the Continuity of Belief, in M. Douglas ed., Witchcraft: Confessions and Accusations, London 1970, pp. 141-160.

（10）アーオンと他の悪魔崇拝である秘密同盟の解釈についてはとりわけ次のもの参照。J. Ittmann, Kameruner Geheimbünde, in: Ev. Missions-Magazin (Basel) 1963, S. 305-311, 332-342. 批判としてバルツ（pp.222-252）参照。

（11）例えば、とりわけ次のもの参照。Bakossi-Autor S. N. Ejedepang-Koge in mehreren Büchern; zuletzt Change in Cameroon, Alexandria/Virginia (USA) 1985.

（12）Th. S. Atabe, Ambition.（未刊の）詩。アタベの公刊作品，Three short Stories, in: Abbia. Revue culturelle camerounaise, 1978 pp. 230-244, und Religion in Traditional Bakossi Society, Yaoundé 1979. 参照。かつての

カメルーンの宣教師で現在民族学者であるR・ビュローは、連帯という伝統的にアフリカ的な価値と比べて近代的な富の非人間性と西洋的な利益志向の非人間性を基本的に嘆いている。R. Bureau: Péril blanc. Propos d'un ethnologue sur l'occident, Paris 1978. アフリカの価値の変遷における問題性と限界をG・バランディールが比較的適切に取り扱っている。例えば、Structures sociales traditionelles et changements économiques, in: Balandier, Sens et puissance, Paris 1971, pp. 217-231. 参照。

八章

（1）社会的不平等の形成についての基本的な問題の紹介と、同時に（諸）宗教の役割の批判的な観点に関しては、次のもの参照。Günter Kehrer, Über Religion und die Ungleichheit unter den Menschen, in: ders. (Hrsg.), 》Vor Gott sind alle gleich《. Soziale Gleichheit, soziale Ungleichheit und Religionen, Düsseldorf 1983, S. 9-25.

（2）歴史的なそして今日的な所有権概念は、TREの「所有権」の項目で明瞭に基礎づけられている（ここでは第九巻、一九八二年、四〇四―四六〇頁）。ガーブラーの経済学事典には（ここでは第七版、第一巻、一九六七年、五三三頁）次のように簡潔に定義される。所有は「所有権と取り違えられてはならない、ある物件に対するある人の取引で認められた事実上の支配権である。所有は、一、物件が法的に所属する所有者は、それを実際に所有している占有者である（例えば泥棒もそうである）。――二、所有は相続され、一般に譲渡によって、時おりまた単なる合意によって、他人が使用してもよい」。さらにとりわけ次のように詳述される、即ち、所有は「経済学的そして社会学的概念としてしばしば財産、例えば土地所有、家屋所有等と同一視される。……この意味での所有は、職業上の地位、所得高等々を補完して、住民の社会的区分の特徴づけに役立つ」。

（3）ギュスターフ・メンシング自身の要約を参照。RGG, 3. Aufl., Bd. V, 1967, Sp. 964f. Vgl. ders., Soziologie der Religion, 2. Aufl., Bonn 1968, S. 132ff.

（4）Wolfgang Schenkel, Soziale Gleichheit und soziale Ungleichheit und die ägyptische Religion, in: Kehrer (Hrsg.), 1983, a. a. O. (Anm. 1), S. 26-41. 参照。

（5）Ebd., S. 38.

(6) この意味では、同掲書、四〇頁以下参照。金持ちと貧しいラザロのエジプトの物語の再現。

(7) Hellmut Brunner, Die religiöse Wertung der Armut im Alten Ägypten, in: Saeculum XII, H. 4, S. 319-344, hier S. 343f.

(8) Gustav Mensching, Typen der Religion, in: RGG, 3. Aufl., Bd. Ⅴ, 1961, hier Sp. 964.

(9) ヴォルフラム・フィッシャーの紹介的な本文と文献の指摘を参照。Armut in der Geschichte, Göttingen 1982, S. 27ff.

(10) Friedrich Heiler, Das Gebet. Eine religionsgeschichtliche und religionspsychologische Untersuchung, 5. Aufl., Basel 1969, S. 248ff., hier speziell S. 252f. 参照。

(11) 本シリーズの第二巻『労働の倫理』を見よ。

(12) 世界宗教の経済倫理に関するマックス・ウェーバー研究については、以下のもの参照。Dirk Käsler, Einführung in das Studium Max Webers, München 1979, S. 96ff.

(13) Text und Literaturhinweise bei Fischer 1982, a. a. O. (Anm. 9), S. 115f. 参照。

(14) Paul Radin, Gott und Mensch in der primitiven Welt, dt. Zurich o. J., S. 155.から引用。

(15) 紹介として、Sozialwissenschaftliche Informationen für Unterricht und Studium, H. 3/1985, hier speziell S. 169ff. (Beitrag von Helmut Hartmann). 参照。

(16) 次のもの参照。einführend: Fischer 1982, a. a. O. (Anm. 9), TRE（Bd. Ⅳ, 1979）の当該項目が「貧困」と「貧しい者への配慮」に対する基本的な情報を提供する。十九世紀、二十世紀のドイツにおける社会的なプロテスタンティズムと社会的なカトリシズムの理念、対策、そして制度化については、次のもの参照。einführend u. a. die Beiträge von Franz Josef Stegmann bzw. Friedrich Karrenberg, in: Helga Grebing (Hrsg.), Geschichte der sozialen Ideen in Deutschland, München 1969; Michael Schneider, Kirche und soziale Frage im 19. und 20. Jahrhundert, unter besonderer Berücksichtigung des Katholizismus, in: Archiv für Sozialgeschichte 21 (1981), S. 353ff.

(17) Einen instruktiven 》Einstieg《 vermitteln die Beiträge in: Lebendiges Zeugnis 40 (1985).

(18) Hans Waldenfels, Zur Diskussion um die Theologie der Befreiung, in: ebd., S. 5-24, hier S. 10.

(19) 次のもの参照。einführend: Heinz-Jürgen Loth, Monika und Udo Tworuschka (Hrsg.), Christsein im Kontext der Weltreligionen, Frankfurt am Main—Berlin—München 1981, S. 23ff. 仏陀を社会改革者とする仏教徒の態度については、セイロンの改革仏教徒であるD・C・ヴィヤーヤヴァルダーナのしばしば引用される書物を参照。Dharma-Vijaya (Triumph of Righteoussness) or 》The revolt in the temple《, Colombo 1953.

(20) 論語八・一三 (chinesischer Text und englische Übersetzung bei J. Legge, The Chinese Classics, Vol. I, Hongkong 1960); vgl. den Beitrag von Peter J. Opitz, Anm. 7.

訳者あとがき

本書は Ethik der Religionen-Lehre und Leben, Band 4 〈Besitz und Armut〉(herausgegeben von Michael Klöcker und Udo Tworuschka, Kösel/Vandenhoeck & Ruprecht) の翻訳である。

編者による序文にあるとおり本書は『諸宗教の倫理学—その教理と実生活—』というシリーズの第四巻で「所有と貧困」を取り扱ったものである。それぞれの専門研究者が七つの伝統的宗教——ユダヤ教、カトリシズム、プロテスタンティズム、イスラム教、仏教、儒教と道教、アフリカの部族宗教——に即して「所有と貧困」の問題を全範囲にわたって論じている。

このシリーズでは第一巻「性」、第二巻「労働」、第三巻「健康」、第五巻「環境」が既に出版されており、読者は全シリーズをとおして今日的な諸問題にたいして伝統的な諸宗教がどのように答えているかを見渡すことができる。

訳者たちは、既に第一巻「性」、第三巻「健康」、第五巻「環境」の翻訳を公刊している。訳者は、次に、『諸宗教の倫理学』シリーズの最後の巻である「労働」を訳出する予定である。これでこのシリーズの翻訳も完結するので、できるだけ早く訳出したいと考えている。今しばらく、お待ち戴きたい。

本書の翻訳にあたり、諸宗教の聖典からの引用は邦訳のあるものは参照させて戴いた。訳者の方々にはこの場をかりて御礼申しあげたい。主な参考文献に関しては、各章の終わりに掲げさせて戴いた。ただ原著はドイツ語で原典からの引用もすべてドイツ語であるため、必ずしも原典と一致しないドイツ語の箇所に関してはそのままドイツ語に従った。人名の読み方に関しては、できるだけ現在使用されている読み方に従った。訳者が必要だと考えた訳注は〔　〕をして本文中に付け加えた。

今回の本書の訳出にあたっては、石橋がひとりで担当することになった。これまでいろいろと支援して戴いていた花田伸久先生は、ドイツに在住されているため、支援して戴くことが困難になった。これまで訳者が受けたさまざまなご指導が、今回活かされていることを切に望む次第である。また、他の共訳者は、それぞれ各自の課題を持っており、その仕事の都合で今回の翻訳には参加できなかった。こういった事情で、本書の翻訳は完成度という点で問題を残したかもしれない。読者の寛恕を乞い、ご指摘ご指導を願いたい。

また、訳出にあたり、仏教（五章）の創価学会関係の翻訳に関しては、今回も訳者の先輩である竹元繁氏に指導して戴いた。そのことをここに記して感謝申しあげておきたい。

最後に、本書の出版に際し、九州大学出版会の藤木雅幸編集長ならびに本書担当の永山俊二氏に並々ならぬお力添えを戴いたことに対して、この場を借りて深甚の謝意を表しておきたい。

二〇〇〇年七月

訳　者

貧困─宗教的な中心的言明

テーマ別索引

〈訳者紹介〉

石橋孝明（いしばし・たかあき）
1952年生まれ。
1983年　九州大学大学院博士課程（倫理学専攻）単位取得満期退学
現在　東和大学教授
［著書］『今，生きる意味を問う―応用倫理学の諸問題』（ナカニシヤ出版）
　　　『幸福の薬を飲みますか？』（細川亮一編著，ナカニシヤ出版）
［翻訳］『諸宗教の倫理学―その教理と実生活―　第1巻　性の倫理』
　　　『諸宗教の倫理学―その教理と実生活―　第3巻　健康の倫理』
　　　『諸宗教の倫理学―その教理と実生活―　第5巻　環境の倫理』

諸宗教の倫理学――その教理と実生活――
第4巻　所有《しょゆう》と貧困《ひんこん》の倫理《りんり》

2000年9月5日初版発行

編　者　M．クレッカー
　　　　U．トゥヴォルシュカ
訳　者　石　橋　孝　明
発行者　海老井　英　次
発行所　（財）九州大学出版会
〒812-0053　福岡市東区箱崎7-1-146
電話　092-641-0515
振替　01710-6-3677
印刷・製本／九州電算㈱

ISBN 4-87378-644-4